臺灣第一本債券ETF專書，指數化投資與實務完全解析

全球債券 ETF
投資實務與應用

劉宗聖、張美媛
吳承勳、周宜縉
張勝原————著

McGraw Hill Education

麥格羅·希爾
Your Learning Partner

作者簡介

劉宗聖

現任：

元大投信總經理

中華民國投信暨投顧公會理事暨兩岸及國際事務委員會召集人

中華民國退休基金協會理事

臺灣註冊財務策劃師協會常務理事

學歷：

中國上海財經大學經濟學博士

美國威斯康辛大學財務企管碩士

經歷與著作：

榮獲 2015 年亞洲資產管理雜誌臺灣區年度執行長、臺灣第十屆證券暨期貨金彝獎──傑出企業領導人才獎，著有《全球指數型商品投資與創新》、《期信基金操作實務》等 40 本書籍及《資產管理期刊》（創刊至今）。

張美媛

現任：

元大投信指數暨量化投資事業群部門主管／副總經理

元大臺灣卓越 50 基金經理人

元大臺灣高股息基金經理人

學歷：

淡江大學金融研究所碩士

經歷與著作：

投資研究經驗累積超過 12 年，主要於指數產品之領域。除擅長於指數型 ETF、指數型基金之基金操作管理外，也多次負責或參與不同指數型產品開發（槓桿／反向型 ETF）、不同資產（債券、商品）、ETF 制度與法規修改等之產品設計與規劃專案，以提供投資人穩健的基金績效與多元化的指數產品。此外，於 2007 年出版《ETFs 資產投資新趨勢：Investing in ETFs: Exchange Traded Funds》ETF 相關書籍。

現任：

元大投信指數暨量化投資事業群專業副理

學經歷：

吳承勳 澳洲昆士蘭大學經濟學學士，投信業相關經驗年資共計 7 年。主要負責 ETF 海外業務。

現任：

元大臺商收成及印度指數基金經理人

學經歷：

周宜縉 銘傳大學財務金融研究所碩士，投信相關研究經驗年資共計 5 年。在分類迴歸樹建立投資組合及總體經濟指標整合運用等領域豐富經驗。

現任：

元大亞太政府公債指數基金經理人

學經歷：

張勝原 中央大學財務金融研究所碩士，投信相關研究經驗年資共計 5 年。擅長債券投資組合建構、信用分析及總體經濟策略研究。

CONTENTS

持續推動債券ETF
擴大臺灣與國際市場的連結

　　債券市場的功能，主要為協助企業能有效率籌措資金，並且增加投資人理財管道。櫃檯買賣中心積極營造一個資訊透明且機制完整的債券市場，讓臺灣資本市場運作更有效率。然而目前臺灣債券市場的主要參與者都是機構投資人，一般投資人參與債券市場的管道仍然有限。因此，為了讓債券市場獲得長遠穩健的發展，必須持續加深市場的廣度與深度，廣度就是要靠產品創新，讓這個市場有效需求，如透過債券 ETF 發行，可同步強化交易及發行面向。深度就是要把交易及發行面向向下深透至各類投資人。

　　「兩岸特色金融」及「以臺灣為主的國人理財平臺」是

櫃買中心執行政策需持續深化及廣化推動寶島債券市場的方針。自 2013 年以來，主管機關建立專業版制度簡化發行程序，並放寬保險機構買入的國際債券不計入海外投資 45% 的部位上限，使人民幣存款在銀行端不斷累積，除了推升市場對人民幣去化管道的需求，櫃買中心在業界努力協同下，寶島債券市場發行面蓬勃發展。截至 2015 年 9 月底，寶島債檔數已達 96 檔，流通在外規模達 612.72 億人民幣，並吸引許多知名國際機構發行人來臺發行寶島債，寶島債券市場已經發光發亮，發行面動能連結了世界動能。

2015 年 9 月 30 日本中心進一步推出寶島債券指數，提供投資人有一個觀察臺灣寶島債券市場整體績效的衡量指標，更成為臺灣人民幣債券 ETF 發展深化及廣化的基石。另外，櫃買中心也於 2015 年 10 月 12 日進一步授權元大投信發展寶島債券 ETF 商品，為若寶島債券 ETF 能順利發行更有助於一般投資人以小金額、高流動性與風險分散的方式，參與寶島債市場的發展成果。展望未來，債券 ETF 產品將成為分享債券市場成果的重要推手，豐富國人投資理財工具。

元大投信長久以來致力於臺灣 ETF 市場創新與發展，尤其重要的且令人敬佩的是：投入大量心力進行市場教育，先

後開辦 ETF 說明會與創辦資產管理月刊。本書為該公司針對債券 ETF 所撰寫之專書，除說明債券 ETF 的發展與趨勢外，並針對債券 ETF 的類型、操作管理與投資風險有深入淺出的論述。各類投資人及市場參與者，甚至是證券市場督促及服務人士，都可從其精煉文字中取得具有重要參考。

個人深切期許未來債券 ETF 的發行，除了滿足民眾多元投資需求外，亦可帶動國內相關業務發展，並擴大臺灣與國際市場的連結。本書的發行，欣喜深化臺灣資本市場投資理念，廣化各類投資人的參與，尤有進者，更可強化債券市場投資動能，本人應作者之邀，樂而為序。

財團法人中華民國證券櫃檯買賣中心董事長

吳壽山

債券投資的必要

　　債券因為走勢相對和緩，預期報酬一般較股市低，投資人往往較為忽略這個資產類別。大多數人投資的目的是資產增值，債券因此被常當成一個拖累整體報酬的絆腳石。

　　但投資時，風險與報酬兩者同等重要。債券的穩定性在控制風險方面有不可或缺的重要性。在 2008 年全球金融海嘯時，全球股市嚴重下跌，但就在這年，美國公債和非美國的已開發國家投資級公債，都交出了正報酬。

　　對於一個進行股債配置的投資人，他的高評等債券部位在 2008 年將可以有效減低整體投資組合的下跌幅度。較小的下跌，投資人就比較不會因為面對當時感覺深不見底的股市

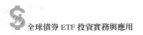

下跌，承受不了心理壓力，在大跌中賣出。

而避免在低點賣出，其實就是促進了報酬。債券對於幫助投資人維持計畫，走過市場波動，具有相當的重要性。

話雖如此，債券投資對於一般投資人卻有不小的困難。

首先，債券常是在櫃買市場上交易，和股票在集中交易所買賣不同。投資人想買賣單支債券的話，會面臨買賣價差與流動性不佳的問題。

一般投資人也很難靠著自身的努力，研究高達幾十支或甚至上百支的債券，組成一個分散的債券投資組合。因此一般投資人往往需要藉由債券投資工具的幫助，來投入債券這個資產類別。

在這方面，債券 ETF 可以滿足投資人的需求。債券 ETF 大多採被動管理，追蹤特定指數，內扣費用低廉。也因爲 ETF 追蹤指數，投資人可以很明白的知道它是投資那個年期、那個評等的債券。其利率風險敏感度，也可以由投資組合的存續期間明白得知。

國外市場的債券 ETF 已有蓬勃發展，相較之下國內債券

ETF 仍處於初期起步的階段。

《全球債券 ETF 投資實務與應用》討論債券與 ETF 的多種面向。包括國際市場主力債券 ETF、債券基本數學、債券交易、ETF 運作原理，都有詳細的介紹與討論。對於瞭解債券 ETF，有相當的幫助。

這本書將可以補足中文投資書籍對於債券討論的空缺，對於考慮透過 ETF 來投入債券的朋友，是本不可或缺的工具書。

知名財經作家

綠角

序

債券ETF開啟國人投資理財新頁

　　債券 ETF 始於 2000 年，貝萊德（BlackRock）發行兩檔債券 ETF，分別為 iShares 加拿大短期債券指數 ETF 及 iShares 加拿大債券指數 ETF，並在加拿大多倫多證券交易所掛牌上市。隨後，貝萊德（BlackRock）於 2002 年於美國發行四檔債券型 ETF，分別為短中長天期的美國政府債券 ETF 與投資等級公司債券 ETF。在 2000 年，全球債券 ETP 總規模僅約一億美元，占全球 ETP 比重僅 0.13%，而隨著市場教育推廣與制度改善，加上 2008 年金融海嘯提升投資人的風險意識，全球債券 ETP 規模呈現大幅增長。截至 2015 年 4 月底，全球債券 ETP 資產規模已達到 4,729 億美元，占全球 ETP 的 16%，並持續增加。

債券是現金流量規劃與資產配置中，不可或缺的部位，對機構法人而言，帳上有許多的資金必須要因應未來的利息或收益支付，如：銀行收取的存款需要定期支付存款戶利息，壽險拿到的保費需要支付未來可能面臨的保險金支付，退休基金更是需要支付未來工作者的退休年金，甚至央行的外匯存底，也需要投資債券，以達到保值的效果。對一般投資人而言，債券的配息可以滿足生活需求，亦可替閒置資金提供孳息，而債券也是投資組合中良好的避震器。

債券的功能是以滿足投資人對現金流量需求與資產配置目標爲主，因此，投資的便利性與效率性，便是投資人關心的重點。債券 ETF 產品提供給投資人一個清楚且透明的債券市場參與機會，並且以一個較高流動且較低成本的方式進行投資。此外，不管是對證券商、投信、銀行而言，由擴大市場規模的承銷業務、促進市場流動性的造市業務、延展到 ETF 產品的發行，預期都將帶給債券市場長期且正面的發展。

元大投信團隊致力於臺灣 ETF 市場發展，從 2003 年臺灣第一檔 ETF──臺灣 50 掛牌以來，帶動臺灣 ETF 產品的發展，元大投信 ETF 的發展歷程，就是一部臺灣 ETF 的發展史。元大投信也以細膩的手法，長期推動 ETF 的市場教育活動，舉

辦投資說明會、出版書籍刊物，讓投資人得以獲取完整資訊，參與金融市場的創新機會。元大投信的 ETF 產品，由國內股票、跨境股票、槓桿／反向型，延伸到商品原物料。未來債券 ETF 的出現，將引領臺灣投資人由交易型 ETF 走向配置型 ETF，並且開啓臺灣 ETF 市場理財新頁，讓臺灣在大中華區 ETF 產品創新戰局再下一城。債券 ETF 是一個新的金融里程碑，並將開啓投資人的全方位投資新世代。

元大投信董事長

林武田

1

債券 ETF 發展趨勢

第 1 章
債券 ETF 發展趨勢

　　隨著投資需求日益增加，各種金融商品不斷的推陳出新。ETF 尚未出現之前，「指數」只能做為衡量股價或績效的參考指標，投資人無法直接對「指數」進行投資。因此，投資人若想要獲得與指數相同報酬的績效，則必需持有與指數相同的成分股，導致投資成本較高且作業較繁瑣，對於一般投資人而言，操作更為困難。ETF 的誕生創造出一個交易方便並可以追蹤指數的商品，讓投資人可以透過投資 ETF 輕易達到追蹤市場表現的目標。

　　回顧 ETF 的發展，初期 ETF 的產品發行主要針對股票市場為主，股票類型的 ETF 由國內股票型走向產業型，並進而走向跨國型、區域型或主題型。

為滿足投資人多元資產的配置需求，西元 2000 年開始發展出股票類型以外的 ETF，如：債券、商品、外匯、REITs 等 ETF。同時，ETF 的操作管理也有全新的面貌，由完全複製發展到最佳化複製，甚至透過持有非現貨的合成複製，進而發展出 ETN（Exchange Traded Note，交易所交易債券）等指數產品。ETF 的發展日趨成熟與多樣化，顯示被動式的投資方式獲得投資人的認同。

 ## 一、全球 ETF 市場現況

由於 ETF 具有投資便利及費用較低的優點，因此 ETF 朝向多元化發展，亦使得越來越多機構法人及一般投資人運用 ETF 做為投資或資產配置的核心工具，並持續推升 ETF 資產規模。

根據貝萊德資料統計，截至 2015 年 4 月底全球 ETP（Exchange Traded Products，交易所交易產品）共有 5,542 檔，合計發行規模達到 2.9 兆美元。

全球 ETP 中，以股票類型 ETP 的資產規模最大，共計有 2.3 兆美元，約占整體 ETP 的 79%。其次為固定收益的產品，固定

收益 ETP[1] 資產規模為 4,729 億美元，約占整體 ETP 的 16%。商品 ETP 則發行於 2003 年，在商品 ETP 中，有超過 50% 的資產，追蹤於貴金屬、能源與商品指數。在商品類別的 ETP 整體資產規模合計為 1,248 億美元，占整體 ETP 的 4%。

　　雖然目前 ETP 仍以股票類型的商品為最大宗，但近年來固定收益及商品類型的發行數量及規模越來越高，顯示指數化商品已朝向更多元的發展。

表 1-1　全球各類型 ETP 資產規模

類型	資產規模 （單位：10 億美元）	占比
1. 股票類（Equity）	2,354.4	79.2%
2. 固定收益（Fixed Income）	472.9	15.9%
3. 商品類（Commodities）	124.8	4.2%
4. 另類資產（Alternatives）	6.9	0.2%
5. 資產配置類（Asset Allocation）	7.1	0.2%
6. 貨幣類（Currency）	5.0	0.2%

資料來源：貝萊德，元大投信整理　資料時間：2015/4

1　固定收益是指持有人可以在特定時間內取得固定的收益，並在到期日歸還本金，其範圍包括：特別股、債券、貨幣市場投資工具等，因此固定收益 ETP 涵蓋特別股 ETF、債券 ETF 與貨幣市場 ETF。

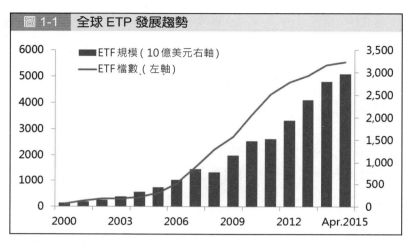

資料來源：貝萊德，元大投信整理 資料時間：2015/4

　　股票類資產波動性較大，在發生風險事件時易造成較大的虧損，而透過資產配置則可以降低投資組合的波動性，進而提供長期穩定的績效。因此，近年來透過資產配置，以達成風險分散的概念越來越受到投資人的重視。

　　債券 ETP 的出現提供給投資人一個成本較低且交易便利的參與債券市場工具，並方便於投資人進行資產配置。債券 ETP 起源於 2000 年，當年度全球債券 ETP 僅有一億美元，占全球 ETP 僅 0.13%。自從 2008 年金融海嘯以後，受到各國央行進行貨幣寬鬆政策，使得資金流向債券市場，全球債券 ETP

規模呈現大幅增長，其資產規模占全球 ETP 的比重由 0.13% 上升至 10% 以上，截至 2015 年 4 月底全球債券 ETP 資產規模已達到 4,729 億美元，較 2008 年成長約 355%。

全球債券 ETP 中，投資等級債券 ETP 資產規模合計為 1,105 億美元，占全球債券 ETP 的 23.37%，比重最高。其次為綜合型債券 ETP 資產規模為 694 億美元，占全球債券 ETP 的 14.68%。高收益債券 ETP 規模為 544 億美元，占全球債券 ETP 的 11.51%。美國政府債券 ETP 資產規模為 493 億美元，占全球債券 ETP 的 10.43%。

在 ETF 發行商的部分，美國固定收益 ETP 的發行主要集中在貝萊德資產管理公司底下的 iShares，占比達 50%，其次為 Vanguard 及 SPDR 分別占比 23% 及 11%。歐洲、中東、非洲地區固定收益 ETP 的發行商中，iShares 的占比則超過半數為 64%。而在亞洲地區固定收益主要發行商為中國的華寶興業（FSFund）基金管理公司，並以貨幣市場基金為主，占比為 32%，其次則為 SPDR 占比為 17%。

表 1-2	各類型固定收益 ETP 資產規模	
類型	資產規模 （單位：十億美元）	占比
1. 投資等級公司債	110.5	23.37%
2. 綜合債券	69.4	14.68%
3. 高收益債	54.4	11.51%
4. 美國政府債	49.3	10.43%
5. 全球主權債	47.8	10.11%
6. 市政債券	17.1	3.62%
7. 其他	124.3	26.29%

資料來源：貝萊德，元大投信整理 資料時間：2015/4

◈ ETF（Exchange Traded Fund）：ETF 為「指數股票型證券投資信託基金」，簡稱為「指數股票型基金」。指數是衡量整個市場漲跌趨勢之指標，而 ETF 是一種在證券交易所買賣，提供投資人參與指數表現的基金，ETF 以持有與指數相同之股票為主。絕大多數 ETF 的指數成分是股票，但目前也有固定收益證券、債券、商品和貨幣的 ETF。目前臺灣交易量較大的 ETF 有「元大寶來臺灣卓越 50 基金」、「元大寶來標智滬深 300 基金」等。

投資者可以透過兩種方式購買 ETF：可以在證券市場收盤之後，按照當天的基金淨值向基金發行商申購（同開放式共同基金）；也可以從證券市場上直接購買（同封閉式共同基金），購買的價格由買賣雙方共同決定。

對於投資者來說，ETF 的交易費用和管理費用都很低廉，持股組合比較穩定，風險往往比較分散，而且流動性很高，單筆投資便可獲得多元化投資效果，節省大量之時間及金錢。

◈ ETP（Exchange Traded Product）：ETP 泛指所有在交易所交易之產品，其產品目標是為了追蹤標竿指數的表現，並產生類似的報酬。其跟蹤一系列或「一籃子」相關資產，例如指數、商品或貨幣等。ETP 為交易所交易產品之統稱，依不同產品結構，其底下又包括 ETF、ETN 等分類。

◈ ETN（Exchange Traded Note）：ETN 為交易所交易票券，是一項結合 ETF 概念與債券架構之新金融商品。ETN 發行人（通常為投資銀行）發行無擔保、優先順位債票券（Senior unsecured debt security）為其基本證券型態，並透過結構化的設計，將該債券之投資損益連結至其追蹤標的之市場指數、指標或策略之總回報（Total Return），扣除

投資人手續費用,而大部分的 **ETN** 在其存續期間內大多不會另外支付債券利息。**ETN** 實際並未持有該追蹤指數底下的現貨,而是由發行人保證給予投資人該連結指數的報酬,雖然產品同樣是追蹤指數表現,但在架構上明顯不同。

二、債券 ETF 的誕生

貝萊德(BlackRock)於 2000 年 11 月發行兩檔債券 ETF,分別為 iShares 加拿大短期債券指數 ETF(iShares Canadian Short Term Bond Index ETF)及 iShares 加拿大債券指數 ETF(iShares Canadian Universe Bond Index ETF),是全球最早的債券 ETF。

上述兩檔由貝萊德所發行的債券 ETF,都是在加拿大多倫多證券交易所掛牌上市,並以政府公債為主要持有標的,整體投資組合的信用評等屬於投資等級,皆有月配息機制,主要差別在於債券年期的長短不同。

由產品的設計觀察,債券 ETF 的發行主要為滿足投資人可以用小金額參與債券市場的投資,並且在較高的信用品質

與固定領取配息下，達到現金流規劃的目標。以下，我們分別就這兩檔 ETF 進行介紹。

iShares 加拿大短期債券指數 ETF

　　iShares 加拿大短期債券指數 ETF 規模為 17 億美元（21 億加幣），其計價幣別為加拿大幣，該 ETF 為在扣除必要費用前，追求 FTSE TMX Canada Short Term Bond Index ™ 績效為目標。該指數為市值加權指數，指數成分包含投資評級之聯邦政府債券、省政府債券、地方政府債券及公司債，到期期間則介於一到五年之間。配息頻率為月配息，管理費用為 0.27%。iShares 加拿大短期債券指數 ETF 是以最適化的方式複製標的指數，其中有 63.75% 投資於公債，公司債及地方政府債券則分別占 35.45% 及 0.79%，12 個月的殖利率為 2.57%。在 信 用 評 等 分 布，AAA 占 53.18%，AA 占 21.57%，A 占 16.78%，BBB 占 8.23%。

iShares 加拿大債券指數 ETF

　　iShares 加拿大債券指數 ETF 基金規模為 14.6 億美元（18 億加幣），其計價幣別為加拿大幣，該 ETF 為在扣除必要費用前，追求 FTSE TMX Canada Universe Bond Index ™ 績效為目

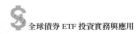

表 1-3	iShares 加拿大短期債券 ETF 介紹		
ETF 名稱	iShares 加拿大短期債券指數 ETF	標的指數	FTSE TMX Canada Short Term Bond Index ™ (LIQDSDTR)
ETF 代碼	XSB CN	基金規模	21 億加幣
發行公司	貝萊德	計價幣別	加幣
成立日期	2000/11/20	費用率	0.27%
交易所	多倫多	持有債券數量	404
存續期間	2.77 年	配息頻率	月
配息率	2.55%	投資區域	加拿大

資料來源：貝萊德、Bloomberg，元大投信整理 資料時間：2015/5/31

標，投資範圍包含加拿大投資等級之政府債券、省政府債券、地方政府債券及公司債，配息頻率為月配息，管理費用為 0.33%。在 iShares 加拿大債券指數 ETF 其追蹤標的指數方式與 iShares 加拿大短期債券指數 ETF 追蹤方式相同，採用最佳化的方式進行複製標的指數。在公債的投資比率為 68.72%，公司債占 30%，地方政府債券則占 1.27%，12 個月殖利率為 2.96%。在投資評級比率部分，AAA 占 43.04%，AA 占 23.98%，A 占 23.60%，BBB 占 9.2%。

表 1-4	iShares 加拿大債券指數 ETF 介紹		
ETF 名稱	iShares 加拿大債券指數 ETF	標的指數	FTSE TMX Canada Universe Bond Index ™ (LIQDUDTR)
ETF 代碼	XBB CN	基金規模	18 億加幣
發行公司	貝萊德	計價幣別	加幣
成立日期	2000/11/20	費用率	0.33%
交易所	多倫多	持有債券數量	874
存續期間	7.51 年	配息頻率	月
配息率	2.76%	投資區域	加拿大

資料來源：貝萊德、Bloomberg，元大投信整理 資料時間：2015/05/31

三、國際各主要區域之債券 ETF 最新發展

在 2000 年，全球僅有兩檔債券 ETP，於 2000 年底資產規模合計為一億美元，然而在 2008 年金融海嘯時，股票資產大幅損失，為債券 ETF 的發展開創良好的環境，在 2008 年債券 ETP 檔數由 2007 年的 156 檔上升至 223 檔，資產規模也由 60 億美元上升至 104 億美元，成長幅度達 73%。

截至 2015 年 4 月，目前全球共有 884 檔債券 ETP，整體資產規模合計為 4,729 億美元，而其中又以美國所發行的債券

ETP 資產規模最高，合計 291 檔債券 ETP 資產規模為 3,219 億美元，占全球債券 ETP 市場規模的 68.07%。債券 ETP 資產規模次高的地區為歐洲，歐洲地區共發行 353 檔債券 ETP 合計規模為 1,178 億美元，占全球債券 ETP 市場的 24.91%。加拿大及亞洲地區則分別發行 89 檔及 62 檔債券 ETP，資產規模分別為 214 億美元及 114 億美元，分別占全球債券 ETP 市場的 4.53% 及 2.41%。

美國

在美國債券 ETP 中，投資等級債券 ETP 資產規模合計為 686 億美元，占美國債券 ETP 的 21.31%，比重最大。綜合型

表 1-5	全球各區域債券 ETF 規模分布	
	資產規模（單位：10 億美元）	占比
美國	321.9	68.07%
歐洲	117.8	24.91%
加拿大	21.4	4.53%
亞洲	11.4	2.41%
其他	0.4	0.08%

資料來源：BlackRock ETP Landscape，元大投信整理 資料時間：2015/4

債券 ETP 資產規模為 623 億美元，占美國債券 ETP 的 19.35%。美國政府債券 ETP 資產規模為 433 億美元，占美國債券 ETP 的 13.45%。高收益債券 412 億美元，占美國債券 ETP 的 12.8%。

表 1-6	美國債券 ETP 資產規模	
分類	資產規模 （單位：10 億美元）	占比
投資等級公司債	68.60	21.31%
綜合債券	62.3	19.35%
美國政府債	43.3	13.45%
高收益債	41.2	12.80%
市政債	16.8	5.22%
主權債	2.7	0.84%
其它	87	27.03%

資料來源：BlackRock ETP Landscape，元大投信整理 資料時間：2015/4

　　1993 年道富環球（State Street）在美國推出首檔股票 ETF，相隔十年之後，貝萊德（BlackRock）於 2002 年 7 月正式發行四檔債券型 ETF，分別為 iShares 1-3 年國庫債指數 ETF

（SHY）、iShares 7-10 年公債 ETF（IEF）、iShares 20+ 年公債 ETF（TLT）及 iShares iBoxx$ 投資級公司債 ETF（LQD）。

　　當初貝萊德發行債券 ETF 時，產品目標是以提供給投資人一個清楚且透明的債券市場參與機會，並且以一個較高流動且較低成本的方式進行投資，這樣的想法雖然具有吸引力，但債券 ETF 的推廣在初期仍相當困難。機構投資人考量可自行投資債券，持有債券 ETF 的意願較低，而一般投資人亦需要持續性的市場推廣，以了解產品好處，並改變交易習慣。

　　直到 2006 年，也僅有另外一家業者，加入發行債券 ETF 的行列。然而，債券 ETF 的成功關鍵除了持續性的教育推廣外，市場環境的改變也是非常重要的因素。在 2008 年，債券型產品受惠於市場震盪，而獲得追捧。另外，在 2008 年後，巴塞爾協議對資本規範轉趨嚴格，亦使得債券交易商持有庫存意願降低，債券市場流動性降低，使得機構法人開始重視債券 ETF 的好處，兩項因素推升了債券 ETF 的規模成長。

　　目前，貝萊德所管理的債券 ETF 資產規模占整體美國債券 ETF 規模達 50.5%，市占最高。其次為 Vanguard，管理的債券 ETF 規模占全美債券 ETF 市場的 22.73%。而在 SSgA 的部分，資產管理規模占整體比重為 11.29%，排名第三。根據

表 1-7	美國前五大債券 ETF 資產管理公司
資產管理公司	**債券 ETF 資產規模比重**
1.BlackRock Fund Advisors	50.50%
2.Vanguard Group Inc/The	22.73%
3.SSgA Funds Management Inc	11.29%
4.Invesco PowerShares Capital Management LLC	4.83%
5.Pacific Investment Management Co LLC	3.47%

資料來源：Bloomberg，元大投信整理 資料時間：2015/5/31

BlackRock 研究顯示，美國整體指數型商品發行檔數為 291 檔，基金規模達 3,219 億美元。

若以單一債券 ETF 的規模而言，以 Vanguard 於 2007 年 4 月所發行的先鋒全債券市場 ETF 最大，資產規模為 271 億美元。資產規模第二高的債券 ETF 為貝萊德於 2003 年 9 月所發行的 iShares 核心美國整合債券 ETF，資產規模為 249 億美元。排名第三的債券 ETF 為 iShares iBoxx$ 投資級公司債 ETF，發行時間為 2002 年 7 月，資產規模為 216 億美元。

資產規模前十大的債券 ETF 中有六檔為貝萊德所發行，合計規模為 954 億美元，占資產規模前十大債券 ETF 的

59.63%。Vanguard 所發行的債券 ETF 中，在資產規模前十大的債券 ETF 占三檔，合計規模為 532 億美元，占資產規模前十大債券 ETF 的 33.27%。而在資產規模前十大債券 ETF 中有一檔為 SSgA 所發行，其規模為 113 億美元，占資產規模前十大債券 ETF 的 7.1%。

　　資產規模前十大之債券 ETF 中，共有七檔採用最佳化方式做為複製指數的策略[2]，僅有三檔採用完全複製方式。在費用率部分，資產規模前十大債券 ETF 其費用率介於 0.08% 至 0.5% 之間。費用率中以高收益債券類型費用率較高，iShares iBoxx 美元高收益 ETF 費用率為 0.5%，SPDR 巴克萊高收益債券 ETF 費用率為 0.4%。在三個月平均成交值的部分，美國債券 ETF 中以 iShares 20+ 年公債 ETF 的成交值最高為 12.8 億美元，其次為 iShares iBoxx 美元高收益 ETF，成交值為 6.2 億美元，成交值第三高的債券 ETF 為 iShares iBoxx $ 投資級公司債 ETF，其成交值為 3.8 億美元。

2　**最佳化複製策略即最適化複製策略**（Optimized Strategy），**或稱為代表性抽樣法**（Stratified Sampling Strategy），**詳見第三章。**

表 1-8　美國前十大債券 ETF 基金規模

基金名稱	代碼	基金規模 （單位：百萬美元）	上市日	複製策略	費用率 （%）
先鋒全債券市場 ETF	BND	27,123	2007-04-10	最佳化	0.08
iShares 核心美國 整合債券 ETF	AGG	24,916	2003-09-26	最佳化	0.08
iShares iBoxx$ 投資級公司債 ETF	LQD	21,639	2002-07-26	最佳化	0.15
先鋒短期債券 ETF	BSV	15,999	2007-04-10	最佳化	0.10
iShares iBoxx 美元高收益 ETF	HYG	15,425	2007-04-11	完全複製	0.50
iShares 抗通膨 債券 ETF	TIP	13,711	2003-12-05	完全複製	0.20
SPDR 巴克萊 高收益債券 ETF	JNK	11,376	2007-12-04	最佳化	0.40
iShares 1-3 年期 信用債 ETF	CSJ	10,930	2007-01-11	完全複製	0.20
先鋒短期公司債 ETF	VCSH	10,146	2009-11-23	最佳化	0.12
iShares1-3 年 國庫債指數 ETF	SHY	8,865	2002-07-26	最佳化	0.15

資料來源：Bloomberg，元大投信整理　資料時間：2015/5/31

| 表 1-9 | 美國三個月平均成交值前十大債券 ETF | | |

基金名稱	代碼	成交量	成交值 （單位：美元）
iShares 20+ 年公債 ETF	TLT	10,564,103	1,282,432,795
iShares iBoxx 美元高收益 ETF	HYG	6,849,670	620,680,174
iShares iBoxx$ 投資級公司債 ETF	LQD	3,291,635	388,698,186
SPDR 巴克萊高收益債券 ETF	JNK	8,241,164	323,778,628
iShares 核心美國整合債券 ETF	AGG	1,915,452	210,469,248
先鋒全債券市場 ETF	BND	2,555,885	209,915,686
iShares 7-10 年公債 ETF	IEF	1,428,254	151,758,150
iShares 1-3 年國庫債指數 ETF	SHY	1,524,685	129,302,692
iShares 短期國庫券 ETF	SHV	955,531	105,376,212
iShares 小摩美元新興市場債 ETF	EMB	706,109	79,256,719

資料來源：Bloomberg，元大投信整理　資料時間：2015/5/31

　　美國債券 ETF 發展於 2002 年，iShares iBoxx＄投資級公司債 ETF（LQD US）為首檔發行的債券 ETF 之一，其基金規模為 216 億 美 元， 該 ETF 以 追 蹤 Markit iBoxx USD Liquid Investment Grade Index 為目標。iShares iBoxx＄投資級公司債 ETF 是以最適化方式追蹤標的指數，投資目標為美國的投資等級公司債，費用率為 0.15%。在投資評級比率部分，AAA 占

表 1-10	iShares iBoxx $ 投資級公司債 ETF 介紹		
ETF 名稱	iShares iBoxx $ 投資級公司債 ETF	標的指數	Markit iBoxx USD Liquid Investment Grade Index
ETF 代碼	LQD	基金規模	216 億美元
發行公司	貝萊德	計價幣別	美元
成立日期	2002/7/22	費用率	0.15%
交易所	NYSE Arca	持有債券數量	1,369
存續期間	8.07 年	配息頻率	月
配息率	3.3%	投資區域	美國

資料來源：貝萊德、Bloomberg，元大投信整理　資料時間：2015/5/31

1.49%，AA 占 11.71%，A 占 48.85%，BBB 占 36.93%，BB 占 0.24%。

在美國債券 ETF 中，資產規模最大的 ETF 為先鋒全債券市場 ETF，基金規模為 271 億美元，該 ETF 以追蹤 Barclays U.S. Aggregate Float Adjusted Index 為目標，指數成分債共 9,330 支，而先鋒全債券市場 ETF 運用 7,540 支債券貼近該指數存續期間及到期收益率，費用率則為 0.08%。在投資評級比率部分，AAA 占 69.5%，AA 占 4.0%，A 占 12.5%，BBB 占 14.0%。

表 1-11	Vanguard 先鋒全債券市場 ETF 介紹		
ETF 名稱	Vanguard 先鋒全債券市場 ETF	標的指數	Barclays U.S. Aggregate Float Adjusted Index
ETF 代碼	BND	基金規模	271 億美元
發行公司	先鋒	計價幣別	美元
成立日期	2007/4/3	費用率	0.08%
交易所	NYSE Arca	持有債券數量	7,540
存續期間	5.7 年	投資區域	美國

資料來源：先鋒、Bloomberg，元大投信整理 資料時間：2015/5/31

歐洲

在歐洲債券 ETP 中，主權債券 ETP 資產規模合計為 381 億美元，占歐洲債券 ETP 的 32.34%。投資等級公司債 ETP 資產規模為 337 億美元，占歐洲債券 ETP 的 28.61%。高收益債券 ETP 資產規模為 101 億美元，占歐洲債券 ETP 的 8.57%。美國政府債券 60 億美元，歐洲債券 ETP 的 5.09%。

歐洲第一檔 ETF 發行於 2000 年，而首檔債券 ETF 則是貝萊德於 2003 年 5 月在倫敦交易所掛牌上市的 iShares 美元公司債券 UCITS ETF（LQDE）。

表 1-12	歐洲債券 ETP 資產規模	
分類	資產規模 （單位：十億美元）	占比
主權債	38.1	32.34%
投資等級公司債	33.7	28.61%
高收益債	10.1	8.57%
美國政府債	6	5.09%
綜合債券	3.3	2.80%
其它	26.6	22.58%

資料來源：BlackRockETPLandscape，元大投信整理 資料時間：2015/4

　　在 2003 年，歐洲市場債券 ETP 資產規模僅為 10 億美元，而截至 2015 年 4 月，歐洲債券 ETP 共有 353 檔，資產規模合計 1,178 億美元，資產規模成長 117 倍。資產規模最大的歐洲債券 ETF 為貝萊德於 2008 年所發行的 iShares 摩根大通美元新興市場 ETF，資產規模為 43 億美元，資產規模次高的債券 ETF 為 iShares 美元計價公司債券 UCITS ETF，資產規模為 30 億美元，資產規模排名第三的債券 ETF 為 iShares 美元高收益公司債 ETF，資產規模為 27 億美元。歐洲前十大債券 ETF 有九檔為 iShares 所發行，歐洲前十大債券 ETF 費用率介於 0.2% 至 1.28%，費用率最高的債券 ETF 為 Ashmore SICAV 新興市場

公司債 ETF，在前十大歐洲債券 ETF 中僅該檔 ETF 費用率超過 1%，其餘九檔債券 ETF 費用率介於 0.2% 至 0.5% 之間。

在歐洲債券 ETF 中，資產規模最大的 ETF 為 iShares 摩根大通美元新興市場 ETF（IEMB），成立於 2008 年 2 月，基金規模為 43 億美元，該 ETF 以追蹤 J.P. Morgan EMBI Global Core Index 目標，iShares 摩根大通美元新興市場 ETF 每月進行配息，投資標的為以美元計價的新興市場主權債，費用率為 0.45%。投資在 3~5 年到期的債券占 17.51%，5~7 年到期的債券占 17.97%，7~10 年到期的債券占 28.40%，20 年以上到期的債券占 18.31%。

在歐洲債券 ETF 中，資產規模第二大的 ETF 為 iShares 美元計價公司債券 UCITS ETF（LQDE），其基金規模為 30 億美元，該 ETF 在扣除各種費用和支出之前追求達到和 Markit iBoxx USD Liquid Investment Grade Index 一樣的投資表現，投資標的為以美元計價的投資等級公司債。配息頻率為每季，費用率為 0.2%。該 ETF 投資在美國公司債占 79%，英國公司債占 6%，加拿大公司債占 2.78%。在信用評級部分，投資在 AAA 占 1.71%，AA 占 10.93%，A 占 48.65%，BBB 占 38.19%。投資在 3~5 年到期的債券占 23.39%，5~7 年到期的債券占

| 表 1-13 | 歐洲前十大債券 ETF 基金規模 |

基金名稱	代碼	基金規模 （單位：百萬美元）	上市日	複製策略	費用率 （%）
iShares 摩根大通 美元新興市場 ETF	IEMB	4,298	2008-02-18	最佳化	0.45
iShares 美元公司 債券 UCITS ETF	LQDE	3,022	2003-05-16	最佳化	0.2
iShares 美元 高收益公司債 ETF	IHYU	2,651	2011-09-14	最佳化	0.5
iShares 美元公債 1-3 UCITS ETF	IBTS	2,330	2006-06-05	最佳化	0.2
Ashmore SICAV 新興市場公司債 ETF	ACDF	2,327	2014-09-30	最佳化	1.28
iShares 核心英鎊 公司債 UCITS ETF	SLXX	2,190	2004-03-29	最佳化	0.2
iShares 新興市場 當地貨幣政府債 ETF	IEML	1,898	2011-06-21	最佳化	0.5
iShares 美元公債 7-10 年 UCITS ETF	IBTM	1,823	2006-10-30	最佳化	0.2
iShares 核心英國 公債 UCITS ETF	IGLT	1,745	2006-10-23	最佳化	0.2
iShares 歐洲政府 公債 3-5 年 UCIT ETF	IBGX	1,527	2006-10-30	最佳化	0.2

資料來源：Bloomberg，元大投信整理 資料時間：2015/5/31

表 1-14	iShares 摩根大通美元新興市場債券 ETF 介紹		
ETF 名稱	iShares 摩根大通美元新興市場 ETF	標的指數	J.P. Morgan EMBI Global Core Index
ETF 代碼	IEMB	基金規模	43 億美元
發行公司	貝萊德	計價幣別	美元
成立日期	2008/2/15	費用率	0.45%
交易所	倫敦	持有債券數量	293
存續期間	7.23 年	配息頻率	月
配息率	4.79%	投資區域	新興市場

資料來源：貝萊德、Bloomberg，元大投信整理 資料時間：2015/5/31

18.12%，7~10 年到期的債券占 24.75%，20 年以上到期的債券占 27.11%。

表 1-15	iShares 美元計價公司債券 UCITS ETF		
ETF 名稱	iShares 美元計價公司債券 UCITS ETF	標的指數	Markit iBoxx USD Liquid Investment Grade Index
ETF 代碼	LQDE LN	基金規模	30 億美元
發行公司	貝萊德	計價幣別	美元
成立日期	2003/5/16	費用率	0.2%
交易所	倫敦	持有債券數量	1,216
存續期間	7.97 年	配息頻率	季
配息率	3.32%	投資標的	投資等級公司債

資料來源：貝萊德、Bloomberg，元大投信整理 資料時間：2015/5/31

亞洲

在亞洲債券 ETP 中，主權債券 ETP 資產規模合計為 45 億美元，占亞洲太平洋債券 ETP 的 39.47%。整合債券 ETP 資產規模為 6 億美元，占亞洲太平洋債券 ETP 的 5.26%。高收益債券 ETP 資產規模為 1 億美元，占亞洲太平洋債券 ETP 的 0.88%。投資等級公司債 ETP 資產規模為 1 億美元，占亞洲太平洋債券 ETP 的 0.88%。

表 1-16 亞洲債券 ETP 資產規模		
分類	資產規模 （單位：十億美元）	占比
主權債	4.5	39.47%
綜合債	0.6	5.26%
高收益債	0.1	0.88%
投資等級公司債	0.1	0.88%
其它	6.1	53.51%

資料來源：BlackRock ETP Landscape，元大投信整理 資料時間：2015/4

1. 韓國

韓國首檔債券 ETF 發行於 2009 年，在 2009 年 7 月 29 日，Samsung 及 KB 兩家資產管理公司分別發行 KODEX Treasury Bond ETF 及 KStar KTB ETF，皆為韓國政府債券 ETF，目前共發行 22 檔債券 ETF，資產規模為約 36 億美元（3 兆韓圜）。

資產規模最大的 ETF 為 Samsung 於 2012 年 2 月所發行的 Samsung KODEX KRW CASH ETF，資產規模約為 12 億美元（約 1 兆韓圜），主要投資於一年期以內的債券。資產規模第二大之債券 ETF 為 Mirae TIGER Money Market ETF，投資於六個月以內之債券，第三大之債券 ETF 則為 Hanwha ARIRANG Short-term Bond ETF，亦主要投資於一年期以內之債券。韓國三個月交易值最大的債券 ETF 為 KOSEF Enhanced Cash，交易值為約 2 千萬美元（269 億韓圜），其次為 KODEX KRW CASH 及 TIGER MONEY MARKET。

由此觀察，韓國的債券 ETF 已達 22 檔，不管是類貨幣型的短天期債券 ETF、政府債 ETF、企業債 ETF 都已經具備，但規模與交易量比較大的債券 ETF 仍集中於短天期的類貨幣型 ETF，並且主要作為資金短期停泊的投資工具。

表 1-17	韓國資產規模前五大之債券 ETF

基金名稱	代碼	基金規模 （單位：億韓圜）	上市日期
Samsung KODEX KRW CASH ETF	153130 KS	12,615	2012-02-22
Mirae TIGER MONEY MARKET ETF	157450 KS	6,232	2012-05-16
Hanwha ARIRANG Short-term Bond ETF	190160 KS	2,574	2013-12-19
Samsung KODEX KRW Cash Plus ETF	214980 KS	2,420	2015-03-03
KB KSTAR Short-term MSB ETF	196230 KS	2,104	2014-05-19

資料來源：Bloomberg，元大投信整理 資料時間：2015/5/31

表 1-18	三個月交易值前五大債券 ETF

基金名稱	交易值 （單位：韓圜）	交易量
Kiwoom KOSEF Enhanced Cash ETF	26,973,956,400	266,933
Samsung KODEX KRW CASH ETF	2,445,823,163	24,295
Mirae TIGER MONEY MARKET ETF	2,045,578,301	20,297
Samsung KODEX KRW Cash Plus ETF	1,191,361,181	11,874
KB KSTAR Short-term MSB ETF	226,445,497	2,047

資料來源：韓國交易所，元大投信整理 資料時間：2015/5/31

2. 香港

1997 年亞洲金融風暴之後，東亞各經濟體認知到儲備資產的重要性，以降低金融外部衝擊。因此，在亞洲金融風暴之後，亞洲國家透過貿易盈餘累積大量外匯儲備，為了能有效運用外匯儲備。

在 2002 年 6 月，東亞及太平洋地區中央銀行會議（EMEAP）提出了亞洲債券基金的概念，由 EMEAP 成員各自拿出一定金額的外匯儲備構建一個跟蹤指數的被動式基金，用於投資亞洲經濟體發行的債券，其可以提高儲備資產的投資效率並促進地區債券市場的發展。

首階段亞洲債券基金（ABF1）於 2003 年 6 月推出，在 ABF1 取得成功後，EMEAP 將亞洲債券基金的概念衍生至本地貨幣債券，並於 2004 年 12 月宣布推出第二階段亞洲債券基金（ABF2）。ABF2 包含一個泛亞洲債券指數基金及 8 個單一市場基金，而香港的單一市場基金為 ABF 香港創富債券指數基金，為亞洲首次推出的債券 ETF，沛富基金則是單一債券基金，投資於 8 個 EMEAP 市場發行本地貨幣政府債券。

目前在香港掛牌交易的債券 ETF 共有七檔，債券 ETF 資產規模合計約為 42 億美元。ABF 香港創富債券指數基金由 HSBC 於 2005 年 6 月發行，該檔債券 ETF 為亞洲首檔債券 ETF，亦同時為香港首檔債券 ETF，投資於香港政府債券，基金規模為 3.9 億美元（30 億港幣）。

七檔債券 ETF 中資產規模最高的 ETF 為沛富基金，其基金規模為 31 億美元，資產規模次高的債券 ETF 為 ABF 香港創富債券指數基金，基金規模為 3.9 億美元（30 億港幣），資產規模第三大的債券 ETF 為南方東英中國五年期國債 ETF，資產規模為 3.52 億美元（21 億人民幣）。在複製策略部分，七檔債券 ETF 有六檔使用最適化方式做為複製指數的策略。費用率部分，則介於 0.19% 至 0.56% 之間。

除了 ABF 香港創富債券指數基金與沛富基金屬於政策性推動的產品外，其它的債券 ETF 包括：南方東英中國五年期國債 ETF、iShares 人民幣債券指數 ETF、易方達花旗中國國債 5-10 年期指數 ETF 及南方東英中國超短期債券 ETF 皆屬於人民幣相關的債券 ETF，顯示人民幣在國際化的同時，市場對於人民幣債券的投資需求也反映在相關債券 ETF 產品的發行。

另外，南方東英中國五年期國債 ETF、易方達花旗中國國債 5-10 年期指數 ETF、南方東英中國超短期債券 ETF 均直接投資於中國境內債券，並採取雙櫃檯方式進行交易。投資人可以選擇在人民幣櫃檯或是在港元櫃檯進行買賣，於人民幣櫃檯交易的單位以人民幣結算，而於港元櫃檯交易的單位則以港元結算。在兩個櫃檯交易的單位屬同一類別，單位持有人的權利亦相同；但兩個櫃檯分別有不同的股份代號、股份簡稱及國際證券識別號碼（ISIN）。

由下表觀察，道富（State Street Global Advisors, SSga）為沛富基金的主要管理，而沛富基金又受到政策性支持，因此

表 1-19　香港主要債券 ETF 發行公司

資產管理公司	資產規模比重
State Street Global Advisors Singapore Ltd	75.48%
CSOP Asset Management Ltd	10.84%
HSBC Investments Hong Kong Ltd/Hong Kong	9.29%
E Fund Management Co Ltd/Hong Kong	3.67%
BlackRock Asset Management North Asia Ltd	0.43%
BMO Global Asset Management Asia Ltd	0.29%

資料來源：Bloomberg，元大投信整理　資料時間：2015/6/30

其規模遠高於其他債券 ETF。而南方東英資產管理公司（CSOP Asset Management Ltd）主要為發行人民幣相關債券 ETF，其資產管理規模排名第二。

　　香港債券 ETF 中，基金規模最高的 ETF 為沛富基金，其資金規模為 31 億美元，基金規模占香港債券 ETF 的比重為

表 1-20　香港主要債券 ETF					
基金名稱	代碼	基金規模 （單位：億美元）	上市日	複製策略	費用率 (%)
沛富基金	2821 HK	30.15	2005/7/7	最佳化	0.19
南方東英中國五年期 國債 ETF	83199 HK 3199 HK	3.02	2014/2/19	最佳化	0.56
ABF 香港創富 債券指數基金	2819 HK	3.88	2005/6/21	完全複製	0.22
易方達花旗中國國債 5-10 年期指數 ETF	82808 HK 2808 Hk	1.54	2014/3/14	最佳化	0.54
南方東英中國 超短期債券 ETF	83122 HK 3122 HK	1.03	2015/1/20	最佳化	0.53
iShares 人民幣 債券指數 ETF	83139 HK 3139 HK	0.18	2013/6/13	最佳化	0.41
BMO 亞洲美元 投資級債券 ETF	3141 HK	0.12	2014/11/13	最佳化	0.35

資料來源：Bloomberg，元大投信整理　資料時間：2015/6/30

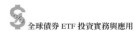
75.48%。該 ETF 為在扣除必要費用前,追求 Markit iBoxx ABF
Pan-Asia Index 之績效為目標,每半年配息,費用率為 0.19%。
沛富基金主要投資於亞洲八個國家政府及類政府所發行當地
貨幣債券,其中包括中國、香港、印尼、韓國、馬來西亞、
菲律賓、新加坡及泰國。

表 1-21	沛富基金 ETF 介紹		
ETF 名稱	沛富基金	標的指數	Markit iBoxx ABF Pan-Asia Index
ETF 代碼	2821 HK	基金規模	31 億美元
發行公司	道富 (State Street)	計價幣別	美元
上市日期	2005/7/7	費用率	0.19%
交易所	香港交易所	配息頻率	每半年

資料來源:Bloomberg,元大投信整理 資料時間: 2015/6/30

　　南方東英中國五年期國債 ETF(83199 HK;3199 HK)為
全球第一檔 RQFII 債券 ETF,其基金規模約為 3.02 億美元(21
億人民幣),該 ETF 為在扣除必要費用前,以追蹤中債五年
期國債指數績效為目標。該檔債券 ETF 以最適化方式做為複
製策略,其指數的成分債券數量為 62 支成分債,基金的投資

組合中債券數量為 14 支債券，南方東英中國五年期國債 ETF 以抽樣方式，抽取具代表性的 14 支債券追蹤指數的 62 支成分債。基金投資組合中，中國國債占 89.44%，政策性金融債占 10.06%，每季進行配息，平均的配息率為 3.72%。由於上海及深圳交易所流動性相對較低，因此該基金透過銀行間債券市場進行交易。投資在 4~5 年到期的債券占 20.34%，5~6 年到期的債券占 32.71%，6~7 年到期的債券占 42.09%。

表 1-22	南方東英中國五年期國債 ETF 介紹		
ETF 名稱	南方東英中國五年期國債 ETF	標的指數	中債五年期國債指數
ETF 代碼	83199 HK 3199 HK	基金規模	21 億人民幣
發行公司	南方東英	計價幣別	人民幣
上市日期	2014/2/19	費用率	0.56%
交易所	香港交易所	持有債券數量	14
投資區域	中國	配息頻率	每季

資料來源：南方東英網站，元大投信整理 資料時間：2015/6/30

2

認識債券市場

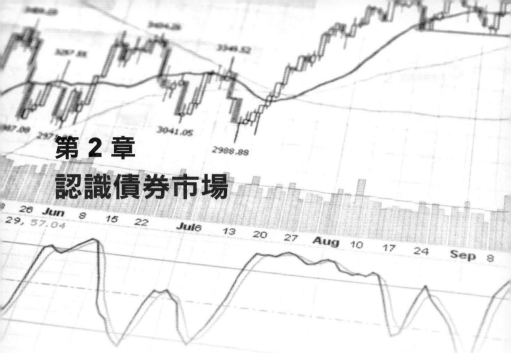

第 2 章
認識債券市場

債券是政府、金融機構、企業等向社會大眾籌措資金，而向投資人發行的一種有價證券。對投資人而言，購買債券就是把錢借給發行機構，換言之，公債是投資人把錢借給政府，而公司債則是投資人把錢借給一般企業。

面額和利率是債券的關鍵要素。投資人持有多少的債券金額，我們稱之為「面額」。債券契約中通常會約定於某一段時間之內，發行機構需要按照約定利率，並依投資人持有之面額，支付投資人利息，並按照約定條件償還本金（面額）。由於投資人可以定時領取固定的利息，故債券又稱「固定收益證券」。

　　以臺灣中央政府公債 104 年甲 12 期為例，其票面利率為 1.125%，即中央政府需每年按照公債面額乘以 1.125% 的利息，支付給持有 104 年甲 12 期公債的投資人。

　　債券的種類則可依照發行者、信用品質、票面利率、還本方式、贖回方式等差異進行分類。不同的發行者可分為中央政府公債、地方政府公債、公司債及金融債等；不同的信用品質可分為投資等級債、非投資等級債及無評等債券；不同的票面利率可分為零息債券、固定利率債券、浮動利率債券、反浮動利率債券；不同的還本方式可分為一次還本債券、分次還本債券、永續債券。

　　不論是投資者的類型、交易方式、投資判斷等，債券與股票都有相當大的差異。由於坊間的投資理財書籍，較少針對債券市場進行完整介紹，為了讓投資人對於債券市場有更全面性的認識，以下我們先介紹全球最大的債券市場—美國債券市場的發展，並且說明投資人進入債券市場，需要瞭解的重要觀念。最後，我們將介紹債券市場的交易方式，以加深投資人對於債券投資的熟悉度。

一、美國債券市場

美國債券市場是歷史最悠久的債券市場之一，其發展可以追溯到18世紀。1775到1783年美國爆發「獨立戰爭」期間，華盛頓率領的軍隊需要鉅額的經費支持，但不論在徵稅或銀行貸款在執行上都出現困難。因此，發行短期債券成了唯一資金來源。獨立戰爭期間，美國共發行超過1.9億美元的戰爭國債。此後在19世紀和20世紀初，美國債券市場發展的進程相對緩慢，交易極不活躍，大多數債券投資者都採取買進並持有到期的投資策略，以獲取穩定的利息回報。

1970年代接連發生兩次石油危機，引發一系列經濟和金融市場變化，刺激了債券的交易與發展。

首先，兩次石油危機造成了高通貨膨脹率，在這種情況下，市場利率大幅上升，也導致債券價格波動劇烈，投資人對債券進行避險或流動性的需求大幅增加。其次，利率市場化、金融自由化與全球化的觀念也在這段期間成為主流，政府和大量企業開始仰賴債券市場，而不是銀行貸款，來獲得直接的融資，也讓債券市場發行規模得以迅速增長。最後，美國聯準會在貨幣政策的調整，也需要一個較為發達的債券

次級市場，以便於其公開市場業務操作。因此，債券市場流動性制度也開始建立。

上述諸多原因，造就了 1980 年以來，美國債券市場的快速發展。

1980 到 2012 年之間，美國債券市場存量規模年平均增長幅度達到 8.84%，遠超過同期 GDP 年平均增長幅度 5.55% 的水準。目前，美國債券市場種類多元，並為政府和企業最重要的融資市場。

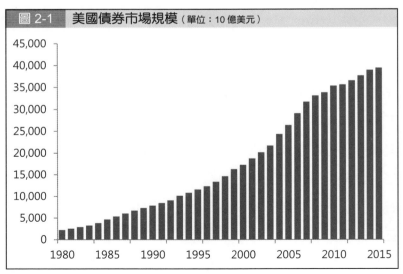

圖 2-1　美國債券市場規模（單位：10 億美元）

資料來源：SIFMA，元大投信整理　資料時間：2015/8

美國債券種類介紹

依照美國證券業與金融市場協會（SIFMA）統計，截至 2015 年 9 月，美國債券市場存量達到 39 兆美元，約相當於美國股票市值的 3 倍，並為美國 GDP 的 2.3 倍。若以發行人類型作區分，美國債券市場可以分為：美國公債（占比 32%）、不動產抵押證券（占比 22.06%）、公司債券（占比 20.55%）、市政債券（占比 9.41%）、資產抵押證券（占比 3.51%）。

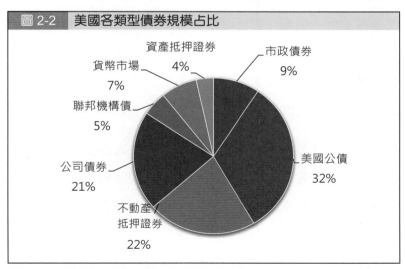

圖 2-2　美國各類型債券規模占比

資產抵押證券 4%
貨幣市場 7%
聯邦機構債 5%
市政債券 9%
公司債券 21%
不動產／抵押證券 22%
美國公債 32%

資料來源：SIFMA，元大投信整理　資料時間：1980/1-2015/6

　　以下，我們分別針對美國政府債券、美國投資等級公司債、美國高收益公司債市場進行介紹，讓投資人能瞭解美國債券市場對投資人的重要性。

美國政府債券

　　美國政府債券又稱為美國政府公債，一直是全球投資人的重要持有部位，特別是機構法人，包括：銀行、壽險、退休基金、全球央行與共同基金等。

　　為什麼需要持有美國政府債券？理由很簡單。最重要的原因是，金融機構帳上有許多的資金必須要因應未來的利息或收益支付，例如：銀行收取的存款需要定期支付存款戶利息，壽險拿到的保費需要支付未來可能面臨的保險金支付，退休基金更是需要支付未來工作者的退休年金，而央行的外匯存底也需要增加收益。

　　由於美元是全球的主要貨幣，機構法人持有的美元部位自然就投資於安全度高且具有收益的美國政府債券。對於共同基金或是金融市場投資人而言，美國政府債券也是全球投資者重要的避險標的。試想今若全球金融市場遭遇系統性風險，此時買進美國政府債券，除了等於持有最流通的美元部

位外,亦可增添一些收益。因此,美國政府債券在全球投資人的眼中,同時擁有儲備功能與投資功能。

在 2011 年 8 月 5 日,信評機構標準普爾(S&P)宣布下調美國主權信用評級由 AAA 至 AA+,這是自 1941 年標普開始發布主權信用評等以來,美國首次喪失 AAA 主權信用評級,亦打破了美國近百年維持最高評級的歷史。

當時美國信評調降的新聞,曾經一度引發市場恐慌。但幾天後,市場開始理解,當美國政府公債也無法投資時,那麼該去哪裡找到信評高,市場規模也大的債券市場。另外,眾多的美元部位又該如何去化?在美國經濟與財政前景不確定性升溫的情況下,反而造成美國股市下跌,更多的資金流向美國政府債券,更推升了債券價格,也凸顯了美國政府債券市場的重要性。

目前,外國人持有美國政府公債比重已經超過 50%,各國持有規模請參考表 2-1。我們可以發現持有比重較高的國家依序為:1. 中國、2. 日本、3. 加勒比銀行中心、4. 原油出口國、5. 巴西等,而臺灣亦名列全球第 11 名。外國投資人對美國政府公債的需求高,並不讓人意外,美國的主要貿易國,特別是美元外匯存底較大的國家,如:全球外匯存底第一大的中

國與第二大的日本，自然衍生對美國政府債券的需求，而原油出口國的貨幣緊盯美元，亦衍生對美元資產的需求。

表 2-1	外國人持有美國政府債券規模	
排名	國家	金額（單位：10 億美元）
1	中國大陸	1240.8
2	日本	1197.5
3	加勒比銀行中心 *	324.5
4	原油出口國 **	298.3
5	巴西	256.7
6	瑞士	217.5
7	愛爾蘭	216.6
8	英國	212.6
9	盧森堡	185.2
10	香港	182.3
11	臺灣	168.6
12	比利時	155.4

資料來源：美國財政部，元大投信整理　資料時間：2015/7

* 加勒比銀行中心，包括：巴哈馬群島、百慕達群島、英屬維爾京群島、開曼群島、荷屬安地列斯群島以及巴拿馬。

** 原油出口國，包括：厄瓜多、委內瑞拉、印尼、巴林、伊朗、伊拉克、科威特、阿曼、卡達、沙烏地阿拉伯、阿拉伯聯合大公國、阿爾及利亞、加蓬、利比亞以及奈及利亞。

美國公司債

公司債的發行人是一般企業，也就是說公司債是企業以自身信用為基礎所發行的債券。一般而言，由於企業相對於政府債券信用風險較大，因此公司債的收益率也較高。從信用評等來區分，公司債又可分為投資級公司債和高收益等級債券。由於投資人對發行人違約風險的擔憂，高收益公司債發行規模較投資等級公司債少，年期也較短。

美國公司債的發展歷程可分為四個階段：1812 年英美戰爭 ~1863 年南北戰爭時期為市場發展初期；1929 年 ~1960 年為加速發展階段；1960 年後進入穩定擴大階段；直到 2008 年，受次貸風暴影響，發行量下滑，而後又開始恢復成長。

由圖 2-3 可知，2001 年至今，美國公司債的發行規模除了金融海嘯期間微幅減少之外，整體呈現穩定增長的趨勢。另外，投資等級公司債的發行量占總發行量約 80%，增加幅度也遠大於高收益債的發行規模，顯示市場投資人對低信用風險的投資等級公司債，偏好度仍較高。

1. 投資等級公司債

美國投資等級公司債雖然屬於信用債券，但是由於都是體質良好的大型金融機構與企業所發行的債券，並具有長期的財務管理能力紀錄。因此，在正常經濟環境下，個別企業發生違約的比率並不高。

比較特殊的情況是，發生系統性危機時，對於景氣循環敏感性較高的企業，較容易因資金周轉困難而導致違約。因此，我們可以初步瞭解，在正常環境下，投資等級公司債的

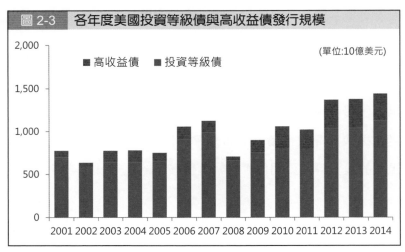

圖 2-3　各年度美國投資等級債與高收益債發行規模

資料來源：SIFMA，元大投信整理　資料時間：2001年至2014年

價格表現大致與公債相同,而收益率又略勝於公債。只有在系統性危機或經濟衰退發生時,投資等級公司債的價格表現才會與公債呈現明顯的偏離。

2. 高收益公司債

相對之下,發行高收益債的公司普遍是象徵負債占現金流量比重高的企業,換言之,企業的槓桿比重比較大。另外,多數也屬於新創公司或資金投入較大的企業,在正常經濟環境下,企業已有可能因為本身經營不善而出現違約。當系統性風險發生時,更難以透過市場籌措資金,此時面臨舊債到期,新債發行困難,現金流量短缺,企業違約風險相當大。

圖 2-4 是信評公司標準普爾(S&P)所統計的全球投資等級公司債與高收益公司債的違約率。在非金融危機時期,投資等級公司債的違約率幾乎趨近於 0%,而自 1981 年以來,年度最高違約率也僅為 0.42%(2002 年與 2008 年),顯示投資等級債仍具有極高的安全性。反觀高收益公司債,歷史違約率最高達 11%(1991 年),而平均違約率也接近 4%,顯示信用風險相當高。

由於高收益債券具有特殊性，因此以下我們介紹高收益
債市場的發展歷史，讓投資人能更清楚認識公司債市場的重
要性。

高收益債最早可以追溯 20 世紀初，現在的美國鋼鐵、通
用汽車、IBM 等公司，在公司成立初期都曾經依靠發行債券融
資。這些債券高收益債的本質些許類似，只是由於當時評級
公司尚未建立，這些債券沒有被評級。

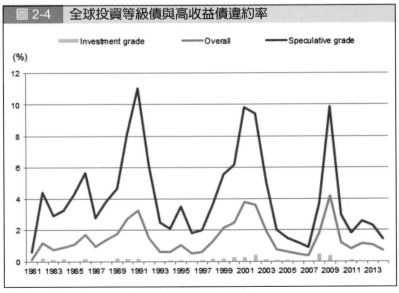
圖 2-4　全球投資等級債與高收益債違約率

資料來源：S&P，元大投信整理　資料時間：2014年

穆迪、惠譽、標準普爾這些評級公司成立後,債券評級制度逐漸成形。一直到 1976 年,市場上所有發行的公司債,其初始的評級全部為投資級,未達到投資級的公司不能發行債券。

1960 年代中期,美國經濟進入衰退階段。國際上,越南戰爭、中東石油危機及布雷頓森林體系崩潰,國內財政和貿易雙赤字,動輒兩位數的通脹率、失業率高漲,大量企業虧損甚至倒閉,到 1970 年代中期進入停滯性通膨的階段。很多曾經是投資級評級的公司,信用等級被下調至垃圾級,其在信用等級被下調之前發行的債券則淪為高收益債,被稱為「墮落天使」(Fallen Angel)。因此,在 1976 年以前,美國的高收益債市場幾乎全部是「墮落天使」。

1977 年,美國才開始發行初始評級即為垃圾級的高收益債,當年發行 11 億美元,占當時高收益債存量的 13%,占全部公司債存量的 0.33%。

從供給面觀察發行高收益債的時空背景,自 1970 年代中期,美國銀行出現大量不良貸款,新增貸款增速急劇下降。當時,銀行貸款只集中於少數大企業,而具有很高增長性的中小型公司,反而無法從銀行貸款得到正常的經營資金。當

時達到投資級的公司數量僅占全部公司數量的 6%，且銀行貸款審核嚴格、手續繁瑣，使得透過發行高收益債融資，變得相當重要。

由政策面來看，由於金融管制放鬆，高收益債只需在美國證券交易委員會（SEC）註冊就可以發行，監管則主要通過市場和信評公司。因此，政策放寬讓高收益企業得以獲得融資管道。

接著從需求面觀察，美國直到 1986 年才實現存款利率市場化，但 1970 年代，長期的高通膨使得投資人蒙受巨大損失，因此迫切需要投資於高收益產品。整體而言，高收益債市場儼然成形。

從 1980 代初開始，美國高收益債發行量開始驟升，主要受惠於政策面的推動。首先是債券票息稅收減免，1980 年代初雷根政府實施「經濟復興計畫」，鼓勵公司發債，降低債務利息的稅率，但股利的稅率不變，大大刺激了公司通過債務融資。

其次是槓桿收購，中小型公司可以用很少的自有資金，通過發行高收益債，獲得大公司的控制權，而發行的高收益

債規模經常達到自身淨資產的數十倍。高收益債從先前的應用於幫助公司解決流動資金頭寸和擴大經營，轉變為應用於公司的槓桿收購中。

然而，隨著越來越多的低等級公司加入發行高收益債的行列，違約率也開始上升。從 1988 年開始，美國高收益債違約事件頻傳；到 1990 年，高收益債違約率已升至 10%。美國國會在 1989 年通過的《收入調整法》取消了在高收益債券所支付利息的稅收扣減。同年，紐約州議會則取消了用於收購的債務融資中所付利息的稅收扣減，而其他州也隨之跟進。同時，美國政府開始嚴格限制槓桿收購，垃圾債發行規模驟減。

1991 年開始，隨著大量的金融衍生商品以高收益債為避險工具，越來越多的機構又掀起高收益債投資熱潮，需求的上升導致高收益債發行量增加。另外，1990 年推出了 144 A 規則，允許通過私募方式發行和交易的證券可以不需要在美國證券交易委員會註冊，而高收益債主要通過私募方式發行，因此積極促進了高收益債的發行和交易。

1999 年至 2011 年，平均每年有 1,000 億美元的高收益債發行，占當年全部公司債發行量的 10% 至 15%。

綜合而言，美國公司債市場的蓬勃發展，對於企業籌資具有關鍵性的作用，但是公司債券市場的快速發展，需要具備可靠的信用評等、法規制度的鬆綁、市場需求的產生，三大條件缺一不可。美國的債券市場經驗，值得各國借鏡。

二、債券的重要觀念與名詞

雖然債券與股票同屬於有價證券，對發行人而言，二者皆屬於直接融資的工具。但如前所述，債券的種類依照發行人、信用評等、償付方式等有所不同。對於債券投資人而言，在意的則是不同種類債券潛在的報酬與風險。因此，以下我們整理出重要的債券觀念，讓一般投資人能先快速進入債券市場領域。

債券面額與債券市值

債券面額（Face Value）是指投資人借了多少錢給債券發行人。以美國公債而言，最小交易面額為 1,000 美元，這意味投資人可以借給美國政府 1,000 美元，並取得公債憑證，而美國政府在債券到期時，需要償還投資人 1,000 美元的本金。

但是,債券在到期前,債券價格會依市場變化而上漲或下跌。一般而言,債券的報價方式象徵多少百分比的面額,假設債券發行時報價在 100,象徵債券市值(Market Value)等於 100% 乘上債券面額(1,000 美元),此時投資人持有的債券市值等於債券面額。但是若債券價格在持有期間,債券價格由 100 下降至 95,這意味著債券市值等於 95% 乘上債券面額(1,000 美元),此時,債券市值由 1,000 美元下降至 950 美元,投資人的資本損失為 5%。投資人要特別留意的是,債券面額是固定的,並沒有因為市值下跌而改變,因此投資人若持有債券到期,仍可領回 1,000 美元的本金。

綜合而言,債券在持有期間,「市值」隨市場變化將與「面額」產生差異,但在債券到期時,只要債券發行人沒有違約,債券的市值最終將等於面額。

債券到期殖利率

投資人參與任何投資,必然需要瞭解潛在的投資報酬率有多少。在債券的基本架構下,債券投資人可以在特定的投資期間中,獲取固定的利息。因此,在報酬率的呈現上,是較為容易的。

假設投資人持有面額 1,000 美元，票息率 1.5% 的債券，年期為 3 年，每年付息，則投資人每年可以獲取 15 美元（1,000 X 1.5%）的利息，此時每年的報酬率為 1.5%，等於票息率。

但在計算 3 年的年化報酬率時，投資人需要留意的是，債券每年支付利息，投資人拿到利息後，就變成現金，無法再參與該檔債券的利率，投資人需要自行尋找其他投資機會（如：其他債券或存款等），假設該投資也能提供 1.5% 的年利率，則投資人的年化報酬率才會等於 1.5%，這就是我們在計算債券持有到期的年化報酬率時，往往假設利息可再投資，以方便年化報酬率的計算。

另外，我們也將債券持有到期的年化報酬率稱之為「債券到期殖利率」（Yield to Maturity, YTM）。

不過，隨市場變化，債券在未到期前債券價格還是會變動。因此，投資人依照不同市場價格買進債券，持有到期，所獲取之報酬率並不相同。

接續前例，債券發行時價格為 100，但隨市場變化，甲投資人以價格 95 出售，而此時乙投資人願意買進該檔債券，交易的面額為 1,000 美元，則乙投資人須支付甲投資人 950 美元

（95% X 1,000 美元）。展望未來，我們發現，乙投資人在債券到期時可以拿回 1,000 美元面額的本金，而持有期間每年的利息也是以 1,000 美元乘上 1.5% 進行計算。因此，簡易的估算，乙投資人在買進該債券時，即宛如實現 50 美元的收益，若換算為每年的收益，則投資報酬率勢必高於 1.5%。

結合上面兩個例子，我們知道債券到期殖利率是瞭解債券投資報酬率的重要指標，投資人也可以透過對於債券報酬率（殖利率）的要求，反推出應該要以多少的價格買入債券，才可以獲取期望的報酬率。

以下我們以數學的算式，提供想繼續深入的投資人參考：

債券價格的評價方式是將未來的現金流量折現，因此在評價債券價格時，必須知道兩個變數：

1. 債券各期的預期現金流入（如：債券利息）

2. 投資人要求的殖利率

預期的現金流入包含每期的票面利息及到期的面額兩個部分，而投資人要求的殖利率（即 YTM）為投資人提供資金所需承受投資風險的風險報酬率及資金的時間價值，因此債

券價格的計算公式如下：

$$P = \frac{C}{(1 + YTM)} + \frac{C}{(1 + YTM^2)} + \frac{C}{(1 + YTM^3)} + \cdots + \frac{C + F}{(1 + YTM^n)}$$

$$= \sum_{t=1}^{n} \frac{C}{(1 + YTM)^t} + \frac{F}{(1 + YTM)^n}$$

其中 P 為債券價格，C 為每期的票面利率，F 為債券到期面額，YTM 為殖利率，n 為期數。

假設債券面額為 100,000 元，票面利率為 1.125%，年期為 5 年，要求的殖利率為 1%。投資人每年可以領到 100,000 乘上 1.125%，約等於 1,125 元的利息，直到第五年，投資人領回利息與本金，則最後一年年領回 101,125 元。由於，投資人要求的債券殖利率為 1%，因此每一年的現金流量需要以 1% 進行折現。

由表 2-2 可知，最終（第五年期滿）債券的現值為 100,607 元。若我們將 100,607 除以 100,000 則可得出 1.00607，等於 100.607%。簡言之，該檔債券在投資人要求 1% 的收益率下，合理的價格為 100.607。

債券市值表示投資人投資債券的成本，若債券市值超出債券面額稱為「溢價」，意即投資人持有債券到期時領回的

表 2-2　債券價格計算範例

t	C	(1+YTM)	(1+YTM)^t	$\dfrac{C}{(1+YTM)^t}$
1	1,125	1.01	1.0100	1,114
2	1,125	1.01	1.0201	1,103
3	1,125	1.01	1.0303	1,092
4	1,125	1.01	1.0406	1,081
5	101,125	1.01	1.0510	96,217
			債券市值（元）	100,607

資料來源：元大投信整理

本金低於目前所支付的買進成本。

　　為什麼投資人願意承擔中間的損失？原因在於，債券早期發行時，利率相當高，而隨市場變化（如央行降息等），現在市場上已經找不到這麼高利率的債券，因此投資人願意以較低的要求殖利率參與債券投資，並以高於債券面額的價值買進債券。

　　如表 2-3 的例子，債券票息率仍為 1.125%，當投資人的要求殖利率僅為 1% 時，債券市值為 100,607 元高於債券面額

100,000 元，此時債券的殖利率小於票息率。

若債券市值等於債券面額，我們稱之為稱為「平價」。在表 2-3，我們看到當要求的殖利率等於票息率（1.125%）時，債券市值與面額皆等於 100,000 元。而當債券市值低於面額時，我們稱之為「折價」，我們看到當投資人要求債券的殖利率等於 2%，大於票息率（1.125%）時，債券的市值為 95,876 元小於債券面額 100,000 元。

由上述的例子得知，當投資人要求的殖利率越高，則債

表 2-3　不同殖利率下，債券價格的變化

t	C	YTM=1%	YTM=1.125%	YTM=2%
1	1,125	1,114	1,112	1,103
2	1,125	1,103	1,100	1,081
3	1,125	1,092	1,088	1,060
4	1,125	1,081	1,076	1,039
5	101,125	96,217	95,624	91,592
債券市值（元）	-	100,607	100,000	95,876
債券價格（元）	-	100.607	100	95.876

資料來源：元大投信整理

券價格越低,債券殖利率與價格呈現反向的關係。美國的經濟學家馬凱爾(Burton G. Malkiel)亦針對債券價格的變化提出五大定理,當中針對價格與殖利率的敏感性,是指當投資人要求的殖利率變動時,對債券價格的影響,在下一段關於債券存續期間的部分會詳細說明。

五大定理的內容為:

■ 定理一:債券價格與殖利率呈現反向關係

■ 定理二:到期期間愈長,債券價格對殖利率的敏感性愈大

■ 定理三:債券價格對殖利率敏感性之增加程度隨到期期間延長而遞減

■ 定理四:殖利率下降使價格上漲的幅度,高於殖利率上揚使價格下跌的幅度

■ 定理五:低票面利率債券之殖利率敏感性高於高票面利率債券

債券存續期間

債券存續期間（Duration）是指投資人持有債券後，隨利息之累積，平均需要多少年限，才可以將初期投入的買入債券成本回收。依照數學公式的結果，我們也可把存續期間作為利率變動對債券價格的敏感度，其公式如下：

$$D_{mac} = \frac{\sum_{t=1}^{n} PV_t \times t}{\sum_{t=1}^{n} PV_t} = \sum_{t=1}^{n} t \times X_t$$

其中 D_{mac} 為存續期間，PV_t 為第 t 期現金流量的現值，n 為到期期數，X_t 為現值占債券價格的權數。

如何計算存續期間？舉例如下，假設債券面額為 100,000 元，票面利率為 1.125%，年期為 5 年，殖利率為 1%，該債券存續期間為多少？

由表 2-4 可知，每一年債券利息為 1,125，而最後一年，債券利息加上本金，約等於 101,125 元，我們將每一期的現金流量折現，並分別除以投資人購買債券的初始成本，進而得出每一年的現金流量現值占初始成本的權數。接著，我們將權數乘上年期，便可得出平均需要 4.89 年的時間，投資人投資債券所獲取的現金流量剛好可以與債券的初始投入成本相等。

表 2-4	債券存續期間計算範例		
期間（t）	現金流量（CFₜ）	現值（PVₜ）	權數
1	1,125	$\frac{1,125}{(1+1\%)^1}=1,114$	$\frac{1,114}{100,607}=0.01107$
2	1,125	$\frac{1,125}{(1+1\%)^2}=1,103$	$\frac{1,103}{100,607}=0.01096$
3	1,125	$\frac{1,125}{(1+1\%)^3}=1,092$	$\frac{1,092}{100,607}=0.01085$
4	1,125	$\frac{1,125}{(1+1\%)^4}=1,081$	$\frac{1,081}{100,607}=0.01075$
5	101,125	$\frac{101,125}{(1+1\%)^5}=96,217$	$\frac{96,217}{100,607}=0.95637$

資料來源：元大投信整理

$$D_{mac} = 1 \times 0.01107 + 2 \times 0.01096 + 3 \times 0.01085 + 4 \times 0.01075 + 5 \times 0.95637$$
$$= 4.89(年)$$

由上述的例子可得知該債券的存續期間為 4.89 年，小於實際到期期間 5 年。簡單來說，債券因為有利息，因此存續期間通常會比實際到期年期還短。

對投資人而言，若是比較相同到期年期的債券，若存續期間越短，表示平均回收成本的年期越短，換言之，風險越

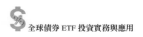

低。影響存續期間長短的因素包含到期期間、票面利率及殖利率，分別說明如下。

1. **存續期間 vs. 到期期間：**

在其他條件相同下，當債券的到期期間越長，存續期間越長。

2. **存續期間 vs. 票面利率：**

在其他條件相同下，票面利率越高，存續期間越短。票面利率越高表示每期支付較多的利息，投資人回收成本的速度越快，因此存續期間較短。

3. **存續期間 vs. 殖利率：**

在其他條件相同下，殖利率越高，通常表示票息率越高，或是債券是以高度折價的方式買入，皆代表代表投資人回本的速度較快，存續期間較短。

當然，存續期間也可作為債券風險的衡量指標。透過數學式的簡化，存續期間的長短代表債券價格對利率變動敏感度之大小，當存續期間越長，債券價格對利率的敏感度越大。其表示如下：

$$-D_{mac} = \frac{\frac{\partial P}{P}}{\frac{\partial YTM}{1+YTM}}$$

一般而言，債券殖利率的變化通常以基點（Basis Point, bps）做表示，而 1bps 代表 0.01%。假設今天有一檔債券，存續期間為 4.89（年），債券殖利率為 1%，若殖利率上升 1bps（即 0.01%），則債券價格下跌 0.0484%。其計算式如下：

$$\frac{\partial P}{P} = -4.89 \times (\frac{0.01\%}{(1+1\%)}) = -0.0484\%$$

信用評等與信用利差

買債券相當於把錢借給人家，身為債權人（債券投資人）必須關心債務人（債券發行人）信用評等（Credit Rating）的良窳，即信用情況是否良好。

如果債務人信用不好有可能會發生倒帳的情形，造成賺了利息賠了本金的情形發生。因此，在投資債券時經常要關心發行機構的信用評等變化。相反的，債券發行人為了讓投資人放心，並降低發行的融資成本，經常透過取得國際上知名的信用評等機構，像是標準普爾（Standard & Poor's）、穆

迪（Moody's）以及英國惠譽（Fitch）所公布的信用評等，以做為投資人參考依據。

信用評等機構會將受評對象的各項信用狀況加以量化，運用統計的方式計算評等，其評估的內容包含：發行人的違約機率、投資人可能遭受損失的嚴重性及債信變動的風險。評估出來的信用等級可判斷信用品質的好壞，信用評等越高的債券表示可能發生違約的機率越小。

各主要信評機構的信用評等分類請參閱表 2-5。由內容可知，投資等級是指信用評等較高的評級，也就是標準普爾（S&P）債券評級位於 BBB-（含）以上，或穆迪（Moody's）債券評級需位於 Baa3（含）以上。

相對於投資等級，債券信評較低的稱之為非投資等級或稱為垃圾等級。在臺灣，非投資等級又稱為高收益等級，這樣的債券平均而言，違約率較高。

由於債券信用評等不同，投資人所承擔的違約風險不同。因此，當所持有的債券違約風險較高時，投資人會要求較高的利率補貼，而一檔公司債券的殖利率高於政府公債利率的部分，我們稱之為信用利差（Credit Spread）。信用利差越大，

表 2-5　信用評等對照表

標準普爾	穆迪	惠譽	級數	信用評等
AAA	Aaa	AAA		
AA+	Aa1	AA+	高等級	
AA	Aa2	AA		
AA-	Aa3	AA-		投資等級
A+	A1	A+		
A	A2	A		
A-	A3	A-	中等級	
BBB+	Baa1	BBB+		
BBB	Baa2	BBB		
BBB-	Baa3	BBB-		
BB+	Ba1	BB+		
BB	Ba2	BB		
BB-	Ba3	BB-		
B+	B1	B+		
B	B2	B	低等級	
B-	B3	B-		非投資等級
CCC+	Caa1	CCC+		
CCC	Caa2	CCC		
CCC-	Caa3	CCC-		
CC	Ca	CC	極低等級	
C	C	C		

資料來源：元大投信整理

表示投資人對該檔債券面臨可能的違約擔憂高，因此所要求的風險貼水也越大。

　　信用利差的趨勢也可做為信用市場的觀測指標。在經濟擴張期，企業普遍營收改善，現金流量增加，不容易有違約的風險，因此信用利差會縮窄。而在經濟高峰期，企業往往已將把負債增加至最大，當景氣開始反轉，企業營收下滑，無法有足夠的現金流量因應債務的利息與本金償還，此時，投資人的擔憂加劇，對於債券所要求的信用貼水增加，信用利差擴大。

　　一般而言，不論信用評等高低，短期債券的信用利差均比長期債券來的低。因為對於企業的短期借款，投資人較為放心。當然，報酬與風險往往是相輔相成，信用評等越高的債券，違約風險雖較低，但票面利息較低，利差較小；而信用評等較低的債券，信用利差較大，票面利率也較高。

　　圖 2-5 為美林美國高收益債券指數的信用利差與景氣循環的關係。首先，我們可以發現，信用利差的走勢呈現一個循環狀態，也就是說，債券的信用表現是有規律的，並且與當時總體環境因素息息相關。另外，我們也發現，在 2008 年時，隨雷曼兄弟破產，多家美國大型銀行仰賴政府注資，市場人心惶惶，當然更別提借錢給高收益的公司，此時，信用利差竟高達約 20%，意謂著市場投資人幾乎呈現不願意借錢

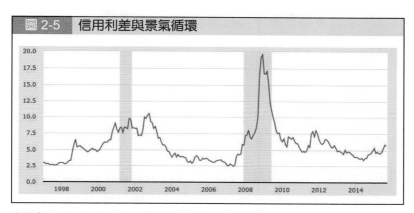

圖 2-5　信用利差與景氣循環

資料來源：St. Louis Fed，元大投信整理　資料時間：1997/1/1-2015/9/21

的狀態。直到 2009 年，美國央行調降利率至歷史最低，恐慌情緒逐漸下滑，市場資金轉為寬鬆，信用利差才開始大幅縮窄。因此，信用利差也經常是觀察總經環境變化的重要參考指標。

三、債券發行與交易介紹

　　債券發行與股票發行的意義相同，皆是發行人為因應各種營運或投資活動支出，依照當地法律規定，籌措資金的方式。在債券發行後，投資人將取得表彰相關兌付條件之債權

證明。發行債券也屬於直接金融的一部分,讓發行人不需要透過銀行借款,而可以在市場上直接取得資金。

當然,發行人要能夠在市場上籌資,需要具備公開透明的財務資訊、債券利息支付與本金償款方式,並在證券管理機關辦理註冊,才能發行債券,我們稱之為公募發行。公募債券是指向不特定的發行人公開發行債券,由於發債金額較大,發行人通常需要委託證券公司(財務顧問),進行承銷的任務,以確保發行利率與發行量可以符合發行人原先的計畫。

另外,對於針對少數特定投資人,不必經過相關註冊手續的發行方式,我們稱之為私募發行。私募債券的流動性較差,發行量不大,但是可節省相關承銷與註冊費用。

一般而言,債券的承銷又可分為代銷、餘額包銷與全額包銷。代銷是指發行人委託承銷商公開銷售債券,而承銷商在約定時間內盡力銷售,但若最後債券發行數額沒有全數銷售,則退還給發行人。這樣的承銷方式,對發行人而言是種風險,因此較少採用。

餘額包銷是指若債券發行數額沒有全數銷售,則由承銷

商認購，如此既可保證發行總額完成，又可降低承銷商壓力，為目前多數債券所採用的承銷方式。

至於全額包銷則是指承銷商發行人將全部的債券認購下來，並向債券發行人支付債券價款，然後再轉售給投資人。然而，對於全額包銷，承銷商要承擔較大的發行風險，因此也會向發行人收取較高的承銷費用。

在實務上，公司債券在公開發行前，承銷商都會先行調查大型投資人對於債券利率的看法與潛在的認購金額，以確保發行順利。發行人在評估相關市場利率後，再決定是否進行債券發行。

若債券確定將發行，則承銷商會協助發行人擬定債券公開說明書及相關財務審查資料，向監管機關提出申請，並於核准後，提供資訊給市場投資人，而市場投資人在承銷商所提供的參考利率下，遞交投標金額，最終則由發行人或承銷商，依市場需求決定最終發行利率及後續債券分配方式。

投資人參與債券市場的方式可以分為：初級市場標售與次級市場交易，以下分別介紹兩種方式的差異：

初級市場標售

以臺灣政府債券為例，每年年底財政部會發布新聞稿，公告次一年度即將發行的公債及其年限，而未來每一季的新聞稿則會公告次一季實際的發行額度（通常為 300 億至 400 億臺幣）。在公債發行，由中央銀行代表財政部經理相關流程，而中央公債交易商則為有資格參與公債競標之金融機構，其他的投資機構或投資人可透過中央公債交易商填寫申請書代為投標。目前政府債券於初級市場標售，採用單一利率標。最小的競標單位為新臺幣 5,000 萬，之後的最小增額單位為新臺幣 1,000 萬。

由表 2-6 可以發現，政府公債發行固定年期主要集中於 2 年、3 年、10 年、20 年、30 年期之債券，其中包括新發行與增額發行。

對於公司債或金融債的發行，除非是大型的企業，具有穩定的融資需求，否則債券發行多數沒有固定的頻率，而發行人也相當重視當時的市場利率變化，以控制融資成本為優先考量。

表 2-6	2015 年臺灣政府公債標售時程					
月份	1 月	2 月	3 月	4 月	5 月	6 月
種類 年期	新發行 3 年期	新發行 2 年期	新發行 10 年期	新發行 20 年期	增額發行 10 年期	增額發行 10 年期
種類 年期	新發行 20 年期	新發行 30 年期	新發行 5 年期		新發行 30 年期	新發行 5 年期
月份	7 月	8 月	9 月	10 月	11 月	12 月
種類 年期	新發行 2 年期	新發行 30 年期	新發行 10 年期	新發行 20 年期	增額發行 10 年期	增額發行 10 年期
種類 年期	增額 發行 5 年期			新發行 5 年期 可分割		

資料來源：財政部，元大投信整理 資料時間：2014/12

　　圖 2-6 是彭博（Bloomberg）所提供的新發行美元計價公司債資訊。可以發現，不同於股票市場，全球每天有非常多的新發行債券，而同一個發行人又有多檔債券同時發行。舉例來說，東京三菱銀行（BK TOKYO-MIT UFJ）同時有 2018 年到期與 2020 年到期的債券發行，票息率分別為 2.15% 與 2.75%，發債規模分別為 5 億與 10 億美元。透過專業的資訊平臺，債券投資人可以快速掌握，全球債券發行的時間與發債細節。

圖 2-6		新發行美金計價債券資訊						

日期		發行人	票息	到期	加碼	幣	未償額	帳簿管理行	附註
			固定	全部	全	US	全部		
9/15		中國工行	4.875	9/21/2025	+275	USD	2B	承銷公司	REGS 99.189
9/14		SWIRE PAC MTN FI	3.875	9/21/2025	+172.5	USD	500	承銷公司	EMTN 99.893
9/10		CNTRL NIPPON EXP	2.381	9/17/2020	+82.6	USD	285	承銷公司	09/17/15
9/9		AVI FUNDING	3.8	9/16/2025	+160	USD	500	承銷公司	REGS 99.646
9/9		AVI FUNDING	2.85	9/16/2025	+130	USD	500	承銷公司	REGS 99.898
9/9		DEV BANK JAPAN	2.75	9/16/2025		USD	1.2B	承銷公司	REGS 99.394
9/9		SH PUDONG DEV/HK	2.5	9/17/2018	+150	USD	500	承銷公司	EMTN
9/9		CSCI FINANCE 2015	3.125	9/17/2020	+160	USD	200	承銷公司	
9/8		BK TOKYO-MIT UFJ	2.15	9/14/2018	+113	USD	500	承銷公司	REGS 99.971
9/8		BK TOKYO-MIT UFJ	2.75	9/14/2020	+125	USD	1000	承銷公司	REGS 99.926
8/25		EXP-IMP BK KOREA	3.32	9/3/2030		USD	50	SOC GENERALE	EMTN
8/23		EXP-IMP BK KOREA	3.047	9/1/2025		USD	50	CITI	EMTN
8/20		DOUBLE CHARM LTD	2.875	8/27/2018	+195	USD	450	承銷公司	08/27/15
8/18		AZURE ORBIT II	3.125	8/21/2020	+165	USD	385	承銷公司	EMTN

資料來源：Bloomberg，元大投信整理　資料時間：2015/9/16

　　當債券投資人了解債券的標售時間與細節，接著就是向債券的承銷商進行投標。一般而言，由於債券的發行規模都相當大，單一承銷商未必可把債券完全分銷。因此，通常都有多位承銷商共同進行債券銷售業務，而依其地位又可分為主要承銷商（Main Underwriter）和聯合簿記商（Joint Bookrunner），功能性質各有不同。主要承銷商或稱為主要簿記商（Book Runner），表示紀錄有多人投資人投標了多少的規模。主要承銷商除了需要負責發行的準備，還包括定價以及最後的銷售。聯合簿記商（Joint Bookrunner）則是負責部分的發行流程及分銷協助，以降低發行失敗的風險。

以下，我們針對不同的投標方式，説明最終標售結果的形成。

荷蘭標

荷蘭標（Dutch Auction）為現行公債發行的標購方式之一，又稱為「單一價格標」，指依投標價格超過底價的高低順序依次得標，並一律以最高得標利率作為發行利率。在臺灣、美國及多數已開發國家，公債標售多採取荷蘭標。

假設今天有政府債券預計發行 10 億元，總共有 A、B、C 三個客戶有意投標，其投標利率與規模分別為 A 客戶：利率 2.50%，金額 5 億；B 客戶：利率 2.45%，金額 3 億；C 客戶：利率 2.55%，金額 4 億。若依荷蘭標制度，將投標利率由低至

表 2-7　初級市場債券標售範例

投資人	投標利率	投標金額	累計投標金額
B	2.45%	3 億	3 億
A	2.50%	5 億	8 億
C	2.55%	4 億	12 億 （超出發行規模 2 億）

資料來源：元大投信整理

高依序排列為 B、A、C，請參考表 2-7。而至 C 投資人時，累計投標金額達到發行規模 10 億元的門檻，此時便以 C 投資人之投標利率最為結標利率，換言之，開標結果：B 中標金額 3 億；A 中標金額 5 億，C 中標金額 2 億，中標利率皆為 2.55%。

複數標

複數標是指依照投標利率由低至高依序排序，直到累計投標金額等於發債金額，此時不同的投資人得標的利率與其投標利率相同。複數標在目前的債券市場較少採用，主要是因為得標者可能會產生贏家的詛咒現象，換言之，投標者越是積極，得標利率越低，隨公債不斷的定期標售，將使得積極者變得被動，反而不利於債券發行。回到前例，複數標的開標結果：B 中標利率 2.45%，金額 3 億；A 中標利率 2.50%，金額 5 億；C 中標利率 2.55%，金額 2 億。

次級市場交易

債券的次級市場交易可分為：集中市場交易（Exchange Trading）與店頭市場交易（OTC Trading）交易。

集中市場交易是指在固定交易所買賣，並以集中競價方

式成交，整體而言價格透明度較高。店頭市場交易並沒有固定交易場所，經常是交易雙方透過電話或電子交易系統，議價方式進行交易，價格透明度較低。

　　一般而言，政府公債的交易因其流動性高，發債頻率固定，較容易有交易所機制。而對於一般的公司債或金融債，經常是與國際大型投資銀行等交易對手，進行議價交易。

　　以下我們以美國可口可樂公司發行的債券為例，說明債券投資人如何在次級市場與交易對手進行債券交易。如圖2-7，可口可樂公司於 2013 年 10 月 29 日公布發行美元計價債券，債券信評以穆迪（Moody's）評估為 Aa3，標準普爾（S&P）為 AA，惠譽（Fitch）為 A+，皆屬於投資等級。另外，也可以發現，這檔債券到期日為 2023 年 11 月 1 日，並且為每半年配息，票息率為 3.2%。在目前的客觀條件下，債券投資人可依據其投資目標，並分析債券發行人未來的信評展望，以決定是否進行投資。

　　若債券投資人有興趣投資可口可樂所發行之債券，接著便是尋找交易對手。投資人可以透過電子交易平臺檢視交易對手的報價。由圖 2-8 可以發現，有多家交易商提供債券的買

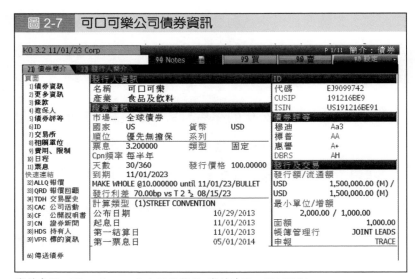

圖 2-7 可口可樂公司債券資訊

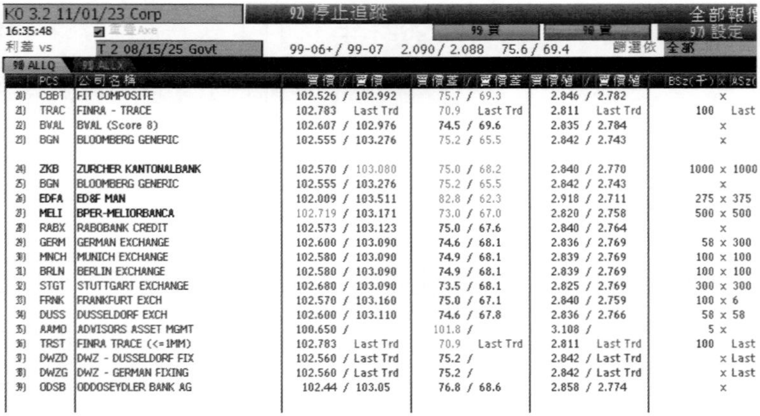

資料來源：Bloomberg，元大投信整理 資料時間：2015/9/21

圖 2-8 可口可樂公司債券資訊

KO 3.2 11/01/23 Corp 92) 停止追蹤 全部報價
16:35:48 疊疊Axe 99) 買 98) 賣 97) 設定
利差 vs T 2 08/15/25 Govt 99-06+ / 99-07 2.090 / 2.088 75.6 / 69.4 篩選依 全部
98) ALLQ 99) ALLX

	PCS	公司名稱	買價 / 賣價	買價差 / 賣價差	買價殖 / 賣價殖	BSz(千) x ASz(
20)	CBBT	FIT COMPOSITE	102.526 / 102.992	75.7 / 69.3	2.846 / 2.782	x
21)	TRAC	FINRA - TRACE	102.783 Last Trd	70.9 Last Trd	2.811 Last Trd	100 Last
22)	BVAL	BVAL (Score 8)	102.607 / 102.976	74.5 / 69.6	2.835 / 2.784	x
23)	BGN	BLOOMBERG GENERIC	102.555 / 103.276	75.2 / 65.5	2.842 / 2.743	x
24)	ZKB	ZURCHER KANTONALBANK	102.570 / 103.080	75.0 / 68.2	2.840 / 2.770	1000 x 1000
25)	BGN	BLOOMBERG GENERIC	102.555 / 103.276	75.2 / 65.5	2.842 / 2.743	x
26)	EDFA	ED&F MAN	102.009 / 103.511	82.8 / 62.3	2.918 / 2.711	275 x 375
27)	MELI	BPER-MELIORBANCA	102.719 / 103.171	73.0 / 67.0	2.820 / 2.758	500 x 500
28)	RABX	RABOBANK CREDIT	102.573 / 103.123	75.0 / 67.6	2.840 / 2.764	x
29)	GERM	GERMAN EXCHANGE	102.600 / 103.090	74.6 / 68.1	2.836 / 2.769	58 x 300
30)	MNCH	MUNICH EXCHANGE	102.580 / 103.090	74.9 / 68.1	2.839 / 2.769	100 x 100
31)	BRLN	BERLIN EXCHANGE	102.580 / 103.090	74.9 / 68.1	2.839 / 2.769	100 x 100
32)	STGT	STUTTGART EXCHANGE	102.680 / 103.090	73.5 / 68.1	2.825 / 2.769	300 x 300
33)	FRNK	FRANKFURT EXCH	102.570 / 103.160	75.0 / 67.1	2.840 / 2.759	100 x 6
34)	DUSS	DUSSELDORF EXCH	102.600 / 103.110	74.6 / 67.8	2.836 / 2.766	58 x 58
35)	AAMO	ADVISORS ASSET MGMT	100.650 /	101.8 /	3.108 /	5 x
36)	TRST	FINRA TRACE (<=1MM)	102.783 Last Trd	70.9 Last Trd	2.811 Last Trd	100 Last
37)	DWZD	DWZ - DUSSELDORF FIX	102.560 / Last Trd	75.2 /	2.842 / Last Trd	x Last
38)	DWZG	DWZ - GERMAN FIXING	102.560 / Last Trd	75.2 /	2.842 / Last Trd	x Last
39)	ODSB	ODDOSEYDLER BANK AG	102.44 / 103.05	76.8 / 68.6	2.858 / 2.774	x

資料來源：Bloomberg，元大投信整理 資料時間：2015/10/12

價與賣價,而投資人亦可以透過殖利率或信用利差進行比較,尋找最優報價,而在最右邊的欄位則表示交易商目前報價下,所願成交的債券面額。當投資人決定好下單金額,則可透過電子平臺、電話或電子郵件,進行價格確認與下單。

由債券交易的流程,我們可以瞭解債券的交易相較股票,不論在債券資訊取得或次級交易方式,都相對不透明,並以專業投資機構為主要參與者。

3

什麼是債券ETF？

第 3 章
什麼是債券 ETF？

　　債券市場是屬於機構法人（如：銀行、壽險、共同基金等）
為主的市場，法人帳上現金部位多，需要穩定的收益來源，
以滿足資金去化的需求，因此對債券需求量大。此外，由於
法人交易金額大，可找到的交易對手有限，因此全球債券市
場僅有少數在交易所交易，多數是直接在法人間以議價方式
成交。

　　一般投資人金額較小，參與債券市場的能力有限。另外，
若投資人僅可持有單一或少數債券，也將無法完整分散債券
發行人的信用風險。基於以上原因，一般投資人要參與債券
市場相形困難許多。但投資債券具有現金流量規劃與資產配
置的功能，一般投資人仍有投資的需求，這也使得債券 ETF
成為重要的參與工具。

何謂債券 ETF ？就是把所有投資人的資金，集合成大部位的資金，並由 ETF 發行者向法人進行債券詢價交易，建構債券投組，分散投資風險，並把特定債券市場指數的報酬提供給投資人。由此可知，債券 ETF 能夠協助投資人以便利且低成本的方式參與債券市場。

每檔債券 ETF 都有其追蹤的債券市場指數，而債券 ETF 的管理者則協助投資人進行債券買賣與投資組合內容的調整。投資人只要挑選想要的債券指數，即可參與該債券市場之表現。

債券 ETF 除了方便投資人以小金額參與債券市場外，同時也是把「櫃檯買賣」轉變為「交易所競價」的投資工具。如前所述，債券的交易是以詢價方式進行，即使投資人可以進入市場，買賣債券成本高，價格也不透明。而債券 ETF 在交易所集中競價，買賣成本透明，更方便投資人參與。為了讓讀者能更清楚掌握債券 ETF 的特性，以下我們針對債券指數的編製與債券 ETF 產品的類型，進行說明。

一、債券指數的編製與介紹

　　隨債券需求增長，債券共同基金不論在規模與數量都持續增加，使得投資人與基金經理越來越需要一個標竿指數以衡量其操作績效。因此，在資訊科技逐漸成熟下，美國當時的投資銀行 Kuhn Loeb & Co 於 1973 年著手編製第一檔債券指數，1977 年時，由於 Kuhn Loeb & Co 被雷曼兄弟（Lehman Brothers）併購，該債券指數被改稱為雷曼綜合債券指數（Lehman Aggregate Bond Index），爾後在雷曼兄弟倒閉後，由巴克萊資本（Barclays Capital）接管其指數事業，更名為巴克萊綜合債券指數（Barclays Aggregate Bond Index)，當中成分以美國公債、機構債、不動產抵押證券與公司債為主，並採市值加權，為現今最久遠的債券指數。

　　除了便於市場表現觀察外，債券指數的需求，也因為多數主動式基金表現落後於指數，因此，以貼近指數為目標的債券指數基金開始受到追捧。在 1984 年，債券指數基金規模僅約 30 億美元，但至 2003 年已成長至 3,000 多億美元，債券指數基金不論在規模或檔數皆呈現大幅成長。

債券指數與股票指數的差異

債券指數與股票指數不論是在分類方法、指數成分券的篩選與價格來源皆具有諸多差異處，導致債券指數編製更加困難。

以下，我們針對債券指數編製的重點差異，加以說明：

債券指數分類方式多

債券指數為一籃子債券組合；股票指數為一籃子股票組合。前者之債券集合比股票更廣泛且更多維度，舉例而言，通常會以發行人的類別進行分類，如：主權債、地方政府債、公司債與金融債等，亦可依不同的信用評等進行分類，如：投資級債與高收益債。

又可依支付利息方式的不同，區分為浮動利率債與固定利率債等。換言之，債券的總指數底下，又可細分為不同的次要指數，以美林所編製的債券指數而言，就可細分為 150 多種分項指數。另外，近幾年亦有發展一些特殊型指數，如依據基本面因子決定國家或債券權重之債券指數等。

債券指數成分變動頻繁

債券本身具有到期日且持續會有新券發行，所以指數成分不斷有新增或刪除的情況發生。相較於股票，一家上市櫃公司於交易所掛牌後，其流通在外規模會因新發行股份或股票回購而有增減，但很少會有下市之情況發生，所以，以對比股票指數成分而言，債券指數的成分變動較為頻繁。

債券指數編製認列價格難度高

一般而言，股票有一個統一且公認的證交所收盤價，但多數的債券通常在櫃檯（OTC）市場交易，較少在集中交易所，特別是公司債。因此，債券較難取得一個公開透明的報價，特別是流動性差的債券，也造成債券指數編製認列價格的困難。

所以，債券指數的編製公司通常其集團也擁有債券經紀業務，以為其指數成分債券提供報價，若未能取得，也將與第三方資料提供商取得債券之綜合價格，作為指數成分券的認定依據。另外，債券交易普遍沒有一特定收盤時間，因此，指數編製公司會自行定義收盤時間，以進行編製。

債券指數的編製原則

為了能清楚且有效的提供給投資人特定債券指數的風險特徵，包括：指數的平均存續期間、平均信評與發行人的組成等，債券指數的編製原則設計變得相當重要。另外，由於相同發行人經常有多檔債券流通在外，因此該檔債券是否具有市場代表性與流動性，也是投資人的考量重點。

債券指數編製公司通常會對各檔債券進行流動性篩選，如：債券的剩餘年期不得低於一特定年期、債券流通在外面額應大於特定規模或債券的買賣價差需低於一定比率等，以作為納入債券指數成分券之篩選標準。

表 3-1，我們整理出債券指數的編製原則，提供給讀者瞭解如何掌握該債券指數的風險特徵。

主要指數編製公司

全球目前主要編製債券指數之公司，包括：巴克萊（Barclays Capital）、花旗（Citigroup）、美銀美林（BofA Merrill Lynch）、摩根大通（J.P.Morgan）、Markit iBoxx 等。

巴克萊資本在 2008 年接手雷曼後，成為債券指數的主要

表 3-1	債券指數編製原則	
	指數特徵	**內容**
債券納入條件	發行人類型	政府／企業／銀行等
	發行人註冊地	全球／區域／單一國家等
	債券計價幣別	美元／歐元／當地貨幣等
	債券本金利息償付方式	利息償付：浮動利率／固定利率 本金償付：提前買（賣）回／到期支付
	債券流通在外面額	限定不可低於某一特定金額
指數特徵	平均存續期間	年期越長，顯示利率風險越高
	平均信評	1. 投資等級：標準普爾信評 BBB-（含）以上 2. 高收益等級：標準普爾信評 BB+（含）以下
	平均殖利率	若指數持有之債券到期，平均的報酬率
	平均信用利差	指數的收益率與同年期公債殖利率之差異

資料來源：元大投信整理

提供者，其債券指數涵蓋範圍，包括：已開發國家債券與新興市場債券，同時也有政府債、公司債、抗通膨債、資產抵押證券等，內容相當完整。另外，也由於最大的 ETF 發行公司 iShares 早期隸屬巴克萊資本，因此眾多債券 ETF 產品多數皆跟隨 Barclays 所編製的債券指數，投資應用相當廣泛。

而花旗在全球政府債券指數編製、美銀美林在公司債券指數編製、摩根大通在新興市場債券指數編製，亦有眾多的共同基金以其作為標竿指數。整體而言，要成為重要的債券指數編製公司，除了公司營運政策支持外，也必須要取得較多的債券報價來源，因此債券指數編製公司多數也為市場上主要債券交易商。

主要債券指數介紹

債券 ETF 主要追蹤的指數包含：綜合債券指數、政府公債指數、投資等級公司債指數、高收益債券指數等，皆為常見的債券指數類別。此外，若依債券特性不同，又可分為浮

圖 3-1　主要債券指數編製公司與重要債券指數

巴克萊資本 （Barclays Capital）	花旗 （Citigroup）	美銀美林 （BofA Merrill Lynch）	摩根大通 （J.P.Morgan）
政府債券	政府債券	公司債券	新興市場債券
綜合債券			
公司債券			
抗通膨債券			

資料來源：元大投信整理　資料時間：2015/9

動利率債券指數、抗通膨債券指數。若依指數權重編製方法不同，除了傳統的市值加權不同外，又有基本面加權的指數。

以下針對主要債券指數進行介紹：

巴克萊美國綜合債券指數

巴克萊美國綜合債券指數（Barclays Capital US Aggregate Bond Index）在 1973 年由 Art Lipson 和 John Roundtree 共同創設，巴克萊併購雷曼兄弟指數業務後，改名為巴克萊美國綜合債券指數，目前由巴克萊維護指數編製，主要追蹤美國地

表 3-2　巴克萊美國綜合債券指數介紹	
指數涵蓋債券市值	17.7 兆美元
指數成分券檔數	9,496 檔
平均存續期間	5.71 年
平均信評	AA1/AA2
平均殖利率	2.44%
平均信用利差	0.59%
債券幣別	美元

資料來源：巴克萊，元大投信整理　資料時間：2015/7/2

區投資級債券。巴克萊美國綜合債券指數為市值加權指數，
根據債券規模給予不同權重，指數涵蓋大部分投資級債券，
但因為稅務問題，不包括市政債券與抗通膨債券。

截至 2015 年 7 月，美國有四檔債券 ETF 追蹤巴克萊美國
綜合債券相關指數表現，規模共計 783 億美元，而 ETF 年化
配息率介在 1.8% 至 2.8% 間。（請參閱表 3-3）

巴克萊美國高收益債券指數

巴克萊美國高收益債券指數主要納入美元計價的高收益
公司債券，合格納入者必須評級為高收益（Ba1/BB+/BB+ 或
以下），目前整體指數涵蓋的債券市值達到 1.3 兆美元，並於

表 3-3	巴克萊美國綜合債券指數相關 ETF				
ETF 名稱	代碼	成立日期	規模 （單位：美元）	年化 配息率
先鋒全債券市場 ETF	BND	2007/4/3	268 億	2.72%
iShares 核心美國整合債券 ETF	AGG	2003/9/22	253 億	2.39%
Schwab 核心美國整合債券 ETF	SCHZ	2011/7/14	163 億	1.89%
SPDR 核心美國債券整合 ETF	LAG	2007/5/23	99 億	2.50%

資料來源：Bloomberg，元大投信整理　資料時間：2015/7/9

1986 年完成編製，指數資料可回溯至 1983 年 7 月 1 日。

　　高收益債流動性相較其他債券類別更差，同時亦面臨較高的發行人違約風險，因此為滿足指數追蹤與實務操作需求，巴克萊亦編製美國高收益流動性債券指數（Barclays US High Yield Very Liquid Index），於 2002 年完成編製，追蹤更具流動性的美元高收益債與固定利率公司債，指數只包含每一發行商的前三大債券且在外流通市值須大於 5 億美元，另要求每檔債券距發行日期必須在五年以內，以維持成分券的流動性。另外，在信用風險部分，指數限制每一發行商的權重不超過全市場的 2%。

表 3-4	巴克萊美國高收益債券指數介紹	
指數涵蓋債券市值	1.3 兆美元
指數成分券檔數	2,220 檔
平均存續期間	4.35 年
平均信評	B1/B2
平均殖利率	6.83%
平均信用利差	4.68%
債券幣別	美元

資料來源：巴克萊，元大投信整理　資料時間：2015/7/2

截至 2015 年 7 月，美國有 2 檔債券 ETF 追蹤巴克萊美國高收益債券相關指數表現，規模共計 172 美元，年化配息率介於 5.2% 至 6.0% 之間。（請參考表 3-5）

| 表 3-5 | 巴克萊美國高收益債券指數相關 ETF | | | | |

ETF 名稱	代碼	成立日期	規模 （單位：美元）	年化 配息率
SPDR Barclays Capital 高收益債券 ETF	JNK	2007/11/28	131 億	5.94%
SPDR Barclays Capital 短期高收益債券 ETF	SJNK	2012/3/15	41 億	5.26%

資料來源：Bloomberg，元大投信整理 資料時間：2015/7/9

摩根大通新興市場美元債券指數

摩根大通新興市場美元債券指數（The Emerging Market Bond Index）於 1999 年 7 月編製完成，歷史資料可回溯至 1993 年 12 月 31 日，為第一檔涵蓋廣泛新興市場主權政府美元債券的指數，指數的權重以市值進行加權計算，截至 2015 年 5 月指數涵蓋 75 個新興國家。依照納入國家定義不同，與

是否對於權重過高的國家進行限制,指數共計可分為三個版本,其中又以 JPMorgan EMBI Global Diversified 指數最為知名,截至 2014 年 12 月,共計有 2,420 億美元,以此指數作為標竿指數。

表 3-6	摩根大通新興市場美元債券指數介紹
指數涵蓋債券市值	6,835 億美元
指數成分券檔數	489 檔
平均存續期間	6.98 年
平均信評	BBB-/Baa3
平均殖利率	6.21%
平均信用利差	3.95%

資料來源:摩根大通,元大投信整理 資料時間:2015/6/30

摩根大通新興市場當地貨幣債券指數

摩根大通新興市場當地貨幣債券指數(The Government Bond – Emerging Market Index, GBI-EM)於 2005 年編製完成,為第一檔涵蓋廣泛性新興市場國家所發行之當地貨幣計價債

券指數。由於考量部分市場投資者進入較為困難,同時為避免單一國家權重過高,因此,指數又可分為六種不同的版本,其中以 J.P. Morgan GBI-EM Global Diversified Index 指數為最受歡迎,截至 2014 年 12 月,共計有 1,910 億美元的資金,以此指數作為標竿指數。

表 3-7　摩根大通新興市場當地貨幣債券指數介紹

指數涵蓋債券市值	8,530 億美元
指數成分券檔數	192 檔
平均存續期間	4.74 年
平均信評	BBB+/Baa1
平均殖利率	7.21%

資料來源:摩根大通,元大投信整理　資料時間:2015/10

表 3-8　摩根大通新興市場債券指數相關 ETF

ETF 名稱	代碼	成立日期	規模 (單位:美元)	年化 配息率
iShares J.P. Morgan 新興市場美元債券 ETF	EMB	2007/12/17	56 億	4.33%
Market Vectors 新興市場當地貨幣債券 ETF	EMLC	2010/7/22	13 億	4.43%

資料來源:Bloomberg,元大投信整理　資料時間:2015/7/10

二、債券 ETF 的類型

在前面章節，我們介紹主要債券指數與相關的債券 ETF。然而，依不同的投資需求，全球債券 ETF 依其風險特徵，仍有許多分類，以下介紹不同的債券 ETF 分類中，主要的債券 ETF，以提供投資人參考。

依年期區分

一般而言，前面所介紹的債券 ETF 為避免債券即將到期，流動性較差，同時也不具有代表性，因此經常限定成分債券剩餘年期須在一年以上，其他並未對債券年期作特定限制。債券年期越長，利率風險越高，為滿足不同投資人對利率風險承受度的差異，債券 ETF 又可依債券指數平均剩餘年期，區分為短期、中期與長期債券 ETF，以下我們以政府公債為例，提供相關債券 ETF 給投資人作參考。

依信用評等區分

機構法人對於可投資債券的信評往往具有內部規範，高收益債由於具有較大的違約風險，因此可投資比重往往較低。債券指數編製公司亦針對納入的債券信評，將指數區分為投

表 3-9　美國短中長期政府債券 ETF

ETF 名稱	代碼	成立日期	規模 （單位：美元）	年化 配息率
iShares 1-3 年期美國公債 ETF	SHY	2002/7/22	102 億	0.44%
iShares 3-7 年期美國公債 ETF	IEI	2007/1/5	52 億	1.32%
iShares 7-10 年期美國公債 ETF	IEF	2002/7/22	61 億	2.02%

資料來源：Bloomberg，元大投信整理　資料時間：2015/7/10

資等級債券指數及高收益債券指數，而目前指數編製機構認定的信評通常以標準普爾（S&P）、穆迪（Moody's）、惠譽（Fitch）做界定。表 3-10 針對主要投資等級債券 ETF 與高收益債券 ETF 進行整理。

表 3-10　美國投資等級債券 ETF 與高收益債券 ETF

ETF 名稱	代碼	成立日期	規模 （單位：美元）	年化 配息率
iShares iBoxx $ 投資等級公司債 ETF	LQD	2002/7/22	210 億	3.44%
iShares iBoxx $ 高收益公司債 ETF	HYG	2007/4/4	131 億	5.49%
SPDR Barclays Capital 高收益公司債 ETF	JNK	2007/11/28	102 億	5.94%

資料來源：Bloomberg，元大投信整理　資料時間：2015/7/10

依發行人註冊地區分

　　不同地區的發行人具有該地區所產生的區域風險，如：美國地區的債券發行人信用狀況，與美國當地的經濟狀況或貨幣政策連動性較高，而新興市場國家發行人信用狀況與當地國家是否發生政治危機與經濟環境變化，亦有直接關聯性。投資人可依其對當地市場的看法，進行投資選擇。市場類型由大範圍的全球性債券指數，又可區分為已開發國家與新興市場，或是細分至歐洲公司債券，亞洲公司債券等，又可細分至單一市場，如：美國公司債等。表 3-11，我們針對不同發行市場的債券 ETF 進行整理。

表 3-11 各主要發行市場債券 ETF

ETF 名稱	代碼	成立日期	規模 （單位：美元）	年化 配息率
S&P/Citigroup 全球國庫券 ETF	IGOV	2009/1/21	4.53 億	0.78%
iShares J.P.Morgan 新興市場美元債券 ETF	EMB	2007/12/17	56 億	4.33%
Lyxor UCITS 歐元公司債券 ETF	CRP	2009/4/7	11 億	-

資料來源：Bloomberg，元大投信整理　資料時間：2015/7/9

依利息支付方式不同區分

　　一般而言，債券利息的支付是以固定利率方式進行，然而，基於發行人的資金需求，特別是金融機構所發行的債券，利息支付也可以轉變為短期利率加上一個特定的百分比，使得每次發行人支付的債券利息皆有所不同，我們稱之為浮動利率債券。另外，抗通膨債券亦受到投資人關注，抗通膨債券的本金跟隨一消費者物價指數連動，當消費者物價持續走升，則發行人償還本金將上升，每期債券利息支付亦隨之增加。以下，我們針對相關的兩檔債券 ETF 進行整理如表 3-12。

表 3-12　抗通膨債券 ETF 與浮動利率債券 ETF				
ETF 名稱	代碼	成立日期	規模 （單位：美元）	年化 配息率
iShares 浮動利率債券 ETF	FLOT	2011/6/17	31 億	0.46%
iShares 抗通膨債券 ETF	TIPS	2009/2/4	139 億	0.85%

資料來源：Bloomberg，元大投信整理　資料時間：2015/7/10

主動式債券 ETF

　　主動式債券 ETF 自 2009 年首次出現，有別於一般被動式的債券 ETF，主動式債券 ETF 投資目標不僅是為提供投資人債券指數的報酬，更期待可以超越債券指數的表現。主動式債券 ETF 仍具有 ETF 的特性，即在公開交易所交易，並且每日提供投資組合狀況。

　　主動式債券 ETF 目前主要的發行者為美國 PIMCO 資產管理公司，過去 PIMCO 主要以發行主動式共同基金為主，產品線逐漸擴及 ETF 型態，亦顯示 ETF 被投資人接受的程度正日漸提高。

表 3-13　主動式債券 ETF

ETF 名稱	代碼	成立日期	規模 (單位：美元)	年化 配息率
PIMCO 總回報債券 ETF	BOND	2012/3/1	25 億	5.11%
PIMCO 增強型短期債券 ETF	FTSM	2014/8/6	1.3 億	0.30%

資料來源：Bloomberg，元大投信整理　資料時間：2015/7/10

三、債券 ETF 的管理

　　債券指數所涵蓋的債券檔數相當多,而且並非每檔債券皆具有交易流動性,當債券 ETF 管理公司無法採用完全複製法時,通常會以代表性抽樣法(Stratified Sampling Strategy)來管理債券投資組合。此外也有些 ETF 管理者會應用總報酬交換(Total Return Swap, TRS)工具以完成複製指數的目標,以下我們就不同的債券 ETF 管理方法進行說明:

完全複製法

　　完全複製法(Full Replication)是指完全買入指數中的債券,同時各檔債券持有的比重與指數近似,以致於達成完全跟隨指數表現的目標。

　　完全複製方法通常應用於複製流動性較佳的指數,因為其投資取得困難度低,便於完全持有。由圖 3-2 可以發現,ETF 管理者將現金投資於與指數相同的證券,而 ETF 的報酬約略等於指數報酬扣除成本(如:管理費、稅、交易成本等)加上額外收益(如:出借證券等),以貼近指數表現。

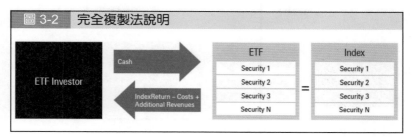

圖 3-2　完全複製法說明

資料來源：Bloomberg，元大投信整理

代表性抽樣法

代表性抽樣法（Stratified Sampling Strategy）或稱最適化法（Optimized Strategy）是指買入指數中最具有樣本代表性的債券，通常將指數成分切割成不同維度，每個維度中考量其國家配置、到期日及信用評等等風險特徵，並持有與指數在風險特徵上近似的投資組合，以貼近指數表現。

債券 ETF 管理者依據指數異動來適當調整其投資組合，通常指數成分異動多為新發行、到期、提前買回、期間或違約等而有新增與刪除的異動或調整。由於債券流動性較差、成分較多、變動較頻繁等，因此多數的債券指數採取代表性抽樣法進行追蹤指數。

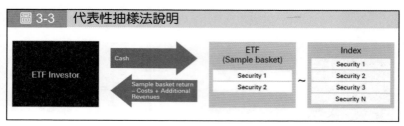

圖 3-3　代表性抽樣法說明

資料來源：Bloomberg，元大投信整理

合成複製法

完全複製法與代表性抽樣法都屬於實物複製（Physical Replication），即直接投資在指數成分債券，以避免標的表現造成的偏離。然而，考量市場進入的難易度與成本，ETF 管理者有時會利用衍生性商品來完成複製指數的目標，這樣的方法稱之為合成複製法（Synthetic Replication Strategy）。

透過衍生性商品工具，如交換（Swap）與期貨（Futures）等，ETF 管理者可避免進入當地市場或持有一籃子的現貨。ETF 管理者與投資銀行簽署交換協定，投資銀行定期提供 ETF 指數的報酬，而 ETF 管理者則需給與投資銀行承作交換的費用。透過交換的好處是 ETF 管理者可以避免現貨市場流動性不佳的問題，同時也可透過交換合約，向交易對手取得與指數相同的報酬。

以下，我們統計美國交易所掛牌的債券 ETF，主要是透過何種複製方法以達成追蹤指數的目標。我們發現，債券 ETF 的管理策略普遍透過最適化法進行投資組合建構，占比達 59%，其次為完全複製法，占比 26%，而合成複製法仍為少數。（請參閱表 3-14）

表 3-14	美國掛牌債券 ETF 複製方法統計		
複製方法	**檔數**	**比重**
合成複製法（衍生性商品）	41	16%
完全複製法	66	26%
最適化法	151	59%
總計	258	100%

資料來源：Bloomberg，元大投信整理　資料時間：2015/9

同樣地，我們也統計美國交易所掛牌的股票 ETF 採取的複製方法，由表 3-15 中可以發現，有 66% 的股票型 ETF 採取的是完全複製法，而僅有 18% 採取最適化法，而合成複製法同樣為少數。

表 3-15	美國掛牌股票 ETF 複製方法統計	
複製方法	檔數	比重
合成複製法（衍生性商品）	183	16%
完全複製法	741	66%
最適化法	200	18%
總計	1,124	100%

資料來源：Bloomberg，元大投信整理 資料時間：2015/9

　　債券 ETF 的複製方法多數採取最適化法並不意外。由於同一發行人，可能就發行多檔不同年期的債券，甚至還有許多不同計價幣別的債券，因此，只要債券的發行量與信用評等符合指數要求，皆會納入指數成分，在前一章節我們提到，美國綜合債券指數成分就高達 9,496 檔債券，這樣的數量遠比一般的美國股票指數成分檔數還多。

　　既然有那麼多檔債券，投資人方便投資嗎？很顯然的，債券多數是與交易商進行議價，相較股票集中交易所交易，債券可取得的難度相對較高。另外，多數的債券亦有可能成為機構法人買進持有的標的，並未在市場中交易流通。在檔數多及標的取得困難的雙重因素之下，造就了債券 ETF 多數

採以最適化法進行複製。

投資人或許不禁要問，債券 ETF 的管理是否比起股票 ETF 更加困難？我們不禁要說，至少在管理的思惟上，與股票絕然不同。一般而言，各檔投資等級債券的漲跌方向主要決定於當天政府公債殖利率的變化，而影響漲跌幅度的關鍵則是在債券的年期，也就是利率風險的部分。

換言之，在股票中，每檔股票價格當天的價格表現方向可能不一致，而漲跌幅度差異亦可能相當大，並取決於當天該個股是否有重大的利多與利空消息。只要股票 ETF 沒能在投資權重上與指數貼近，則 ETF 的表現與指數的表現可能就會產生偏差。

對於投資等級債券 ETF 而言，由於公債殖利率的變化與指數成分券的年期分布（或是存續期間分布），為影響當天指數漲跌與幅度的主要因素，債券 ETF 的管理者並不需要完全持有每一檔成分債券，只需要在債券的年期（或存續期間），與指數對應，便可以初步達到複製的需求。因此，基於債券的報酬風險特性，也讓債券 ETF 管理者能夠避開多檔債券且取得困難的困境。

　　債券因屬於議價交易,流動性較股票低,亦使得交易成本普遍高於股票。因此,債券 ETF 的調整非常著重於債券的流動性與極小化交易成本。另外,許多的債券 ETF 亦投資於非指數成分券。投資人可能感到疑惑,投資於非指數成分券會不會導致 ETF 表現與指數的偏離擴大?表 3-16,我們整理主要國家債券 ETF 產品說明書的論述。我們發現,美國規模第一大的債券 ETF- Vanguard Total Bond Market ETF,表示將以抽樣的方式,分散持有債券,並讓整體投資組合約略與指數在主要風險特徵與指數相似。另外,ETF 至少有 80% 的部位投資於指數成分債。歐洲盧森堡掛牌的 iShares Euro Corporate Bond Large Cap UCITS ETF,主要投資於歐元計價公司債券,亦在其產品說明書表示,將持有部分的非指數成分債券,其表現與指數成分債券中的部分債券表現相似。香港規模最大的債券 ETF——沛富基金,亦於產品說明書表示,為盡量減低與相關指數表現有關的信託跟蹤誤差,經理人將獲准許投資於指數證券以外的其他證券。

　　整體而言,債券 ETF 管理者因應債券市場的特性,採取最適化方法,並部分投資於非指數成分券,達成追蹤指數的目標,已經是債券 ETF 管理的主流。

表 3-16　主要國家債券 ETF 投資管理策略

掛牌國家	ETF 名稱	主要投資策略－非指數成分券之描述
美國	Vanguard Total Bond Market ETF	The Fund invests by sampling the Index, meaning that it holds a broadly diversified collection of securities that, in the aggregate, approximates the full Index in terms of key risk factors and other characteristics. All of the Fund's investments will be selected through the sampling process, and at least 80% of the Fund's assets will be invested in bonds held in the Index. The Fund maintains a dollar-weighted average maturity consistent with that of the Index, which generally ranges between 5 and 10 years.
歐洲	iShares Euro Corporate Bond Large Cap UCITS ETF	The Fund may hold some securities which are not underlying constituents of the Benchmark Index where such securities provide similar performance (with matching risk profile) to certain securities that make up the Benchmark Index
香港	沛富基金	為盡量減低與相關指數表現有關的信託跟蹤誤差，經理人將獲准許投資於指數證券以外的其他證券，即指數證券發行人所發行的其他證券（「非指數證券」），而經理人須認為，該等證券與類似指數證券大致相似，其表現相當可能與信託投資目標相一致。 信託一般不會持有相關指數內全部證券。投資於非指數證券的總限額為信託總資產淨值的 20%。信託最多可將占信託總資產淨值的 15% 投資於與相關指數或信託持作投資的指數證券或非指數證券相關的衍生工具。此外，信託亦最多可將信託總資產淨值的 15% 投資於用作對沖的衍生工具。截至本概要日期，信託極少使用衍生工具。

資料來源：各ETF網站，元大投信整理　資料時間：2015/9

4

債券 ETF 的投資與應用

第4章
債券 ETF 的投資與應用

一、債券指數的特性

　　債券指數的出現主要為觀察特定債券類別的市場表現。如同股票指數一般，債券指數編製公司統計指數成分中，每檔債券當日的價格變動與利息收入，並依據每檔債券的權重進行加總，形成債券指數當日的總報酬，並使得債券指數每日皆有其指數價格。

　　為了讓投資人掌握債券指數的風險特徵，指數編製公司也會揭露其收益率、存續期間、平均信用評等，讓投資人可以瞭解該債券市場的報酬與風險來源，並可與其他債券指數做比較。

報酬風險特徵

以下列出巴克萊美國投資等級公司債指數（Barclays US Corporate Bond Index）與巴克萊美國高收益債指數（Barclays US Corporate High Yield Bond Index）的風險特徵，請見表 4-1。

透過表 4-1 得知，在符合指數篩選條件下，美國的投資等級債市場約 4.3 兆美元，規模大於美國高收益債的 1.4 兆美元。最差殖利率代表的是將指數中成分債券持有到期，在考量利息可再投資下，平均的年化報酬率。高收益債的殖利率為 5.92%，收益率略高於投資等級債的 3.09%。修正後存續期間年期越長，代表該指數承擔的利率風險越高。投資級債的存續期間約 7.27 年，高於高收益債的 4.24 年，因此投資級債承擔較高的利率風險。平均信用評等的部分，投資等級債的信用評等為 A3，高收益債的平均信評為 Ba3，顯然高收益債承擔較高的信用風險。

債券指數的報酬風險特徵如同產品的標籤，瞭解每個項目所代表的意義之後，就能掌握債券指數的特性。

| 表 4-1 | 美國投資等級公司債指數與美國高收益公司債指數報酬風險特徵比較 |

	美國投資等級公司債指數	美國高收益公司債指數
1. 指數市值	4.3 兆美元	1.4 兆美元
2. 票息率	4.34%	6.75%
3. 最差殖利率	3.09%	5.92%
4. 修正後存續期間	7.27 年	4.24 年
5. 平均到期年期	10.75 年	6.50 年
6. 平均信用評等	穆迪：Baa1/A3	穆迪：B1/Ba3

資料來源：巴克萊、元大投信整理 資料時間：2015/5

債券價格 vs. 債券指數長期報酬

掌握債券指數的報酬風險特徵，可以讓我們瞭解在不同環境下，各種債券指數的變化。以下透過例子說明債券價格變動對於債券指數長期報酬表現的影響。

假設債券一年的利息收入為 4%，當年度的債券價格只要沒有下跌超過 4%，則該年度債券總報酬呈現上漲。反之，若債券價格下跌超過 4%，則該年度債券總報酬也會呈現下跌。

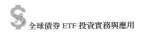

意即債券的利息收入越高，可以吸收債券價格損失能力越強，只要債券發行人不違約，債券持有到期將可取回原始投入本金。由此可知，債券價格並不會天天下跌，這也使得債券年度呈現正報酬的機率相當高。（請參閱表 4-2）

表 4-2　債券指數全年報酬變化範例

	債券價格變動	利息收入	總報酬
情境一	+4%		4%
情境二	-4%	+4%	0%
情境三	-8%		-4%

資料來源：元大投信整理

以巴克萊美國綜合債券指數（Barclays US Aggregate Bond Index）為例，該指數是投資於在美國發行且以美元計價的投資等級固定收益資產。自 1976 年至 2014 年，39 個年度中有 36 個年度呈現正報酬，正報酬比率達 92%，顯示債券指數的表現多數時間呈現穩定上揚。

最主要的原因是，只要債券發行人不違約，各檔債券價格不會天天下跌。而且，指數成分債券皆會持有至接近到期

才會去除，因此債券在離開指數前，多數已回歸至原始價格，使得各檔債券長期不容易發生資本利損。另外，債券指數每日會計算各檔債券利息收入，使得債券指數即便受市場短期因素而下跌，但只要債券不會違約，隨利息收入累積，指數恢復能力強，並使得債券指數長期持續走高。

整體而言，只要債券指數的利息收入越高，利率、信用與匯率風險穩定，指數可望穩定上漲，同樣的情況也出現在其他的主要的債券指數。

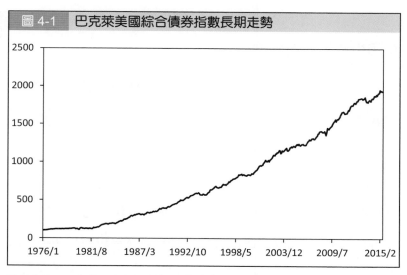

圖 4-1 巴克萊美國綜合債券指數長期走勢

資料來源：巴克萊，元大投信整理 資料時間：1976/1-2015/5

 二、債券指數的風險來源與資產配置

投資人通常認為股票與債券具有負相關，其實不然。因為債券類別很多，像是美國公債、美國投資級債、美國高收益債、新興市場美元政府債、新興市場當地政府債券等，每檔債券指數皆有其報酬風險特徵，並非每檔債券指數皆與股市呈現負相關。

債券指數的風險來源可以分為信用風險、利率風險、匯率風險，以下我們針對各類債券指數的風險來源做一簡單描述：

美國投資等級債指數

美國投資等級債的發行人信用評等較高，信用風險較低，所以投資等級債表現與央行升降息或美國公債殖利率變化相關性較高。簡單來說，投資等級債具有較大利率風險敏感性。

由於美國投資等級債以美元計價，對臺灣投資人而言，投資在這類型債券指數產品，需額外承擔臺幣兌美元的匯率波動。圖 4-2 以巴克萊美國綜合債券指數做為投資等級債券的代表，觀察指數走勢發現，該指數即使是在 2000 年科技泡沫

或 2008 年金融海嘯下跌狀況皆不明顯，僅有在 2004 年至 2006 年的聯準會升息階段及 2013 年聯準會結束 QE，才有較明顯的下跌與表現停滯。巴克萊美國綜合債券指數走勢的長期績效可說是相當穩定。

美國高收益債指數

高收益債屬於信用評等低（即債券發行人信用風險較高）的債券，高收益債的表現主要受到「信用利差」變化所影響。

信用利差係指投資人因承擔較高的信用風險，而要求債

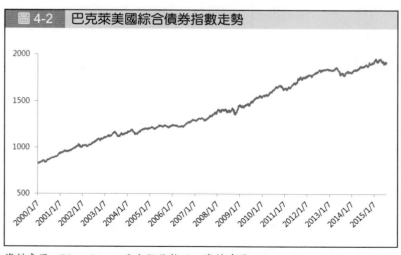

圖 4-2　巴克萊美國綜合債券指數走勢

資料來源：Bloomberg，元大投信整理　資料時間：2000/1/7-2015/7/23

券利率高於公債利率的額外補償。發行人發生違約的機率越高，則信用利差越大。如果經濟轉佳，信用風險降低，投資人自然對信用利差的要求減少，債券價格上漲；若經濟陷入衰退，債券發行人的現金流量減少，還債能力降低，則投資人對債券要求的信用風險補償更多，債券價格下跌。高收益債的價格表現與股票漲跌的環境恰好相同。圖 4-3，我們以巴克萊美國高收益債券指數為例，可以發現，在 2008 年金融海嘯時，高收益債指數明顯下跌，顯示投資人持有高收益債並無法與股票部位達成風險分散的效果。

整體而言，高收益債指數短期與景氣循環或股市投資氣氛相關性高，但長期並未脫離債券指數向上的特性。

新興市場美元政府債指數

新興市場美元政府債是指納入由新興國家發行，以美元計價之債券。這類債券的殖利率定價是由「美國公債殖利率」與「信用利差」所構成。

信用利差在此指的是新興國家的信用風險。當新興國家受到原物料價格下跌、外匯存底減少、地緣政治衝突等因素影響，可能面臨債務疑慮上升，投資人對新興國家債券的信

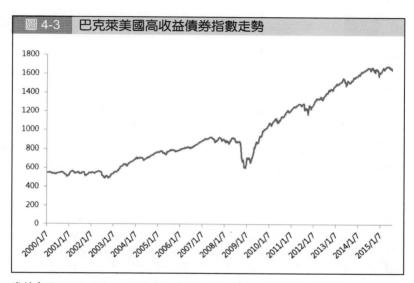

圖 4-3　巴克萊美國高收益債券指數走勢

資料來源：Bloomberg，元大投信整理　資料時間：2000/1/7-2015/7/23

用利差要求上升，使得債券殖利率上揚，價格下跌。因此，新興市場美元債指數反映的是市場對新興國家的信心，亦有可能與新興股市同向。

　　圖 4-4 以 J.P. Morgan 新興市場美元債券指數為例，觀察該指數和股市的相關性。2002 年至 2006 年期間，新興國家的信用評等持續調升，因此信用利差縮窄，債券指數有較佳的表現，但 2008 年受到金融市場投資氣氛不佳，仍有較大跌幅，方向與股票相同。

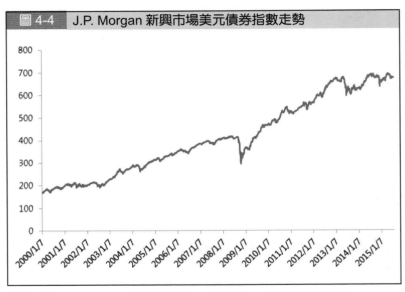

圖 4-4　J.P. Morgan 新興市場美元債券指數走勢

資料來源：Bloomberg，元大投信整理　資料時間：2000/1/7-2015/7/23

新興市場當地政府債券指數

　　由新興國家發行以當地貨幣計價之債券，稱為新興市場
當地政府債券，這類債券的殖利率定價是由「當地國家的貨
幣政策利率」所構成。由於新興市場當地政府債券投資於「當
地貨幣」計價的債券，對臺灣投資人而言，承擔的是臺幣與
新興國家貨幣間的匯率波動，匯率風險較高。匯率的強弱也
反映了一個國家的經濟基本面與投資信心，也反映在新興國
家的資金流向，因此指數的表現多數與新興股市同向。

1
4
2

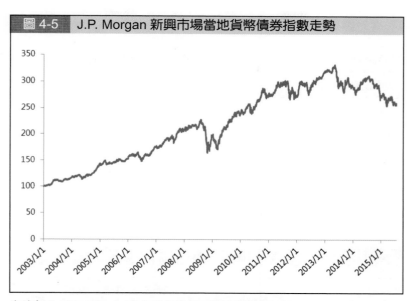

圖 4-5 J.P. Morgan 新興市場當地貨幣債券指數走勢

資料來源：Bloomberg，元大投信整理　資料時間：2003/1/1-2015/7/23

　　主要債券指數的風險來源彙整如表 4-3，供投資人進行投資決策參考。

債市與股市之報酬相關性

　　接著我們統計 2005 年 5 月至 2015 年 5 月各類債券指數與美國 S&P500 股票指數的日報酬相關性。

　　由表 4-4 可以發現，美國投資等級債指數與美國股市的

表 4-3　主要債券指數風險來源

債券指數	利率風險	信用風險	匯率風險
美國投資級債指數	高	低	低
美國高收益債指數	低	高	低
新興市場美元政府債指數	低	高	低
新興市場當地政府債指數	高	低	高

資料來源：元大投信整理

表 4-4　主要股市與債市報酬相關性分析

證券	美國投資級債指數	美國高收益債指數	新興市場政府美元債指數	新興市場當地政府債指數	美國S&P500股票指數	新興市場股票指數
美國投資級債指數	1.00	0.10	0.31	0.25	-0.16	0.05
美國高收益債指數	0.10	1.00	0.66	0.48	0.42	0.58
新興市場政府美元債指數	0.31	0.66	1.00	0.69	0.36	0.60
新興市場當地政府債指數	0.25	0.48	0.69	1.00	0.30	0.65
美國 S&P500 股票指數	-0.16	0.42	0.36	0.30	1.00	0.36
新興市場股票指數	0.05	0.58	0.60	0.65	0.36	1.00

資料來源：巴克萊、摩根大通、MSCI、彭博，元大投信整理
資料時間：2005/6/15-2015/6/15

相關性為 -0.19，呈現低度負相關。由此可見，一般投資人所理解的股債負相關指的是投資級債券。美國股市與美國高收益債的相關性則為 0.42，呈現中度正相關。當股市下跌，高收益債下跌的比率亦高，與我們前述所提，景氣不佳時，高收益公司違約率上升，而股票的表現也不會太好的結論是一致的。至於新興市場政府美元債指數與新興市場當地政府債指數，分別與新興市場股市指數呈現 0.60 與 0.65 的相關性，顯示中高度正相關。我們不難發現，新興市場的股債資產表現仍取決於投資人的信心。

 ## 三、景氣循環與債券投資策略

通常我們將景氣循環分為四階段：復甦期、擴張期、收縮期和衰退期。因為降息可能為債券帶來資本利得的空間，所以債券給投資人的印象是在景氣不好時的投資工具。其實，債券在利息不斷累積之下，債券指數長期可望走高，適合做為資產配置的核心部位。

經過前述的各類債券指數特性介紹，我們可以發現不同債券類別在不同的景氣環境下，皆有其表現的機會。

以下，我們假設全球經濟成長為連動，美國與新興國家的景氣表現一致，以方便說明不同債券種類，在不同景氣環境下的表現。

景氣收縮：從高峰下滑

當景氣從高峰下滑時，通膨壓力降低，央行將採取降息等貨幣寬鬆政策以刺激經濟。此時，美國公債或美國投資級債與利率敏感性高，將受惠於利率調降，債券產生資本利得。

企業營收將受到景氣趨緩的影響逐漸下滑，高收益債淨利率亦可能因原物料成本上升而減少，企業若負債較高，償債能力將下滑，導致高收益債信用利差有放寬壓力，債券價格下跌。

在新興市場方面，以原物料出口為主的新興國家經濟因需求降溫，而呈現放緩，此時考驗新興國家的經濟是否足以支持債務還款，新興市場美元債信用利差同樣具有放寬壓力，債券價格有下跌風險。而在新興市場本地債，新興國家降息有助於債券表現，但外部投資資金因景氣趨緩而逐漸流出。此外，原物料出口下滑，亦可能使匯率貶值風險上升，使新興市場本地債波動上升。

景氣衰退：漸入谷底

隨景氣由放緩步入衰退，甚至伴隨金融危機，皆將使得投資人風險意識升溫，而美國公債與投資級債因具有穩定收益，同時違約風險低，因此扮演避險性資產的角色，容易受到追捧。

高收益債與股市等風險性資產連動性高，且高收益債發行人又有償債疑慮，因此，在景氣衰退期容易出現高收期債拋售潮。新興市場債屬於風險性資產，在金融危機時，投資人持有意願將降低，因此不論是美元債或本地貨幣債，波動皆將上升。

景氣復甦：從谷底翻揚

在景氣復甦期，央行持續寬鬆與金融危機風險逐漸降溫，風險性資產價格便宜，增加投資人承擔風險的意願。美國公債與美國投資級債的需求將減少，但仍不至於出現拋售，報酬表現仍穩定。

對於高收益債，多數信用有問題的企業已出現倒閉潮，且投資人要求之債券收益率亦高，足以補償其違約風險，因

此吸引投資人持有高收益債,具有價格上漲潛力。對於新興市場債,隨投資人承擔風險意願增加,不論是美元債或本地債,皆有上漲空間。

景氣擴張:漸入高峰

隨景氣持續擴張,通膨升溫,各國央行陸續升息,美國政府公債與美國投資等級債殖利率將隨之上揚,債券價格下跌。但對於高收益債而言,當景氣持續增溫,企業營收改善,雖然負債將隨營運活動增加而上升,但現金流量充沛使其償債能力改善,有助於信用利差縮窄,債券價格上漲。

對新興市場美元債而言,如全球經濟復甦有助該國家償債能力改善,亦有助於信用利差縮窄,債券價格便會上漲。而對新興市場本地債而言,雖然升息會對債券價格構成壓力,但新興匯率將受惠於出口擴張,經常帳改善,國際資金亦流向新興市場追求高報酬的投資機會,皆有助於匯率表現。

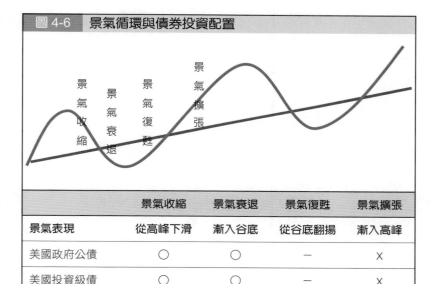

圖 4-6　景氣循環與債券投資配置

	景氣收縮	景氣衰退	景氣復甦	景氣擴張
景氣表現	從高峰下滑	漸入谷底	從谷底翻揚	漸入高峰
美國政府公債	○	○	—	X
美國投資級債	○	○	—	X
美國高收益債	—	X	○	○
新興市場美元債	—	X	○	○
新興市場本地債	—	X	○	○

「○」：表示加碼　「—」：表示中性　「X」：表示減碼

資料來源：元大投信整理

5

為什麼要投資債券 ETF？

第 5 章
為什麼要投資債券 ETF？

一、債券 ETF 的五大優點

　　債券投資目的可以分為現金流量管理與資產配置。對於銀行或壽險而言，收取民眾的存款或保費，在某一特定期間內，需要給予民眾利息或現金分紅。因此，投資債券主要藉由債券的利息分配與到期普遍保本的特性，滿足現金流量的需求，而投資策略也以持有到期為主，不在於獲取債券的資本利得。對一般的投資人來說，持有債券的概念也相同，只要債券的違約風險低，債券的利息比存在銀行定存更好，也會希望能透過投資債券，獲取更多的利息收入來源。

　　另一方面，投資債券也是為了達成資產配置效果，對於持有股票的投資人而言，債券表現相對穩健。而且投資等級

債券和股市具有低度負相關,有助於整體投資組合表現穩定。

　　債券 ETF 在發展初期,主要訴求是讓一般投資人可以透過小金額且低成本的方式參與債券投資,並且讓不透明的議價交易債券市場,轉變成公開透明的集中交易產品。但隨債券 ETF 的流動性越來越好,機構法人仍成為主要參與者。依 Greenwich Associates 在 2013 年針對歐洲機構法人進行調查,機構法人持有債券 ETF 的前五大理由,包括:方便操作、流動性較佳、快速布局、風險分散、交易成本低廉等。以下針對法人持有債券 ETF 的主要理由進行說明:

方便操作

　　對於有債券配置需求的機構法人來說,債券 ETF 為較方便的工具,因為債券 ETF 追蹤特定債券指數,曝險明確,方便投資人理解,而目前債券 ETF 也普遍具有配息機制,可滿足投資人現金流量需求。另外,債券 ETF 也免除投資人需要定期納入新券的問題,避免調整上的繁瑣。

流動性佳

　　債券 ETF 可以在交易時間內,依透明的市場價格買進或

賣出，並在初級與次級市場進行部位調整。相較之下，債券調整需要每檔詢價，也不一定可以立即賣出，債券 ETF 流動性相對較好。

快速布局

債券 ETF 的好處是可以快速取得或降低一籃子債券部位的曝險，而且可以較小的金額作調整，滿足投資需求。

分散風險

債券 ETF 代表一籃子成分債券的整體表現，換言之，投資人只要買進 ETF，等於買入多檔成分債券，分散單一發行人信用風險。

成本低廉

2008 年後，債券交易商因為風險性資產部位受限，願意持有之債券部位減少，使得債券買賣價差放寬，因此若投資人可直接透過次級市場取得債券 ETF 部位，其交易成本往往比起一籃子債券交易要低廉。

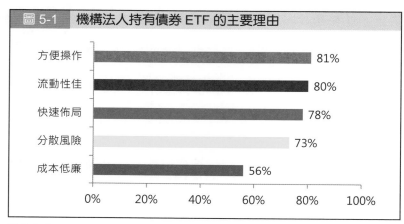

圖 5-1　機構法人持有債券 ETF 的主要理由

方便操作　81%
流動性佳　80%
快速佈局　78%
分散風險　73%
成本低廉　56%

0%　20%　40%　60%　80%　100%

資料來源：Greenwich Associates，元大投信整理　資料時間：2013年

二、投資工具大評比　債券 ETF 最吸睛

　　參與債券市場的主要管道有：債券、債券基金、債券 ETF。對於一般投資人而言，投資債券基金與債券 ETF 的方便性較高，和投資債券最大的差別在於，投資債券基金與債券 ETF 並不會持有到期，因此，債券基金與債券 ETF 沒有到期日，也無法確定在一特定期間後保本。

　　債券基金與債券 ETF 的最大好處是，會定期納入新發行債券，並將持有快到期的債券進行刪除。假設投資人選擇持

有中長年期債券，而未來市場利率調升，新發行債券的利率更高，投資人若將舊債持有到期，雖然定期領到舊債利息，但實際上獲得的利息是比當時市場利率還低，以機會成本的角度並不一定划算。

相對的，若投資人參與債券基金或債券 ETF，會持續更換新發行利率較高之債券，較不會發生投資的債券利率相較市場利率低的情況。以下，我們將債券、債券基金、債券 ETF 在各種交易進行比較，提供投資人參考。

投資債券成本最低

投資人如果具備良好的議價能力，並且在持有的過程中，不進行過度的買賣交易，以持有到期為主要策略，則投資債券成本是最低的。雖然債券 ETF 需向投資人收取管理費，但其費用遠低於主動型債券基金，因此債券 ETF 投資成本介於債券與債券基金之間，主動型債券基金的投資成本則較高。

債券 ETF 投資效率居冠

債券 ETF 可以在盤中交易，並且表彰一籃子債券的權益，讓投資人以小金額快速取得債券投資部位，效率性最高。主

動型債券基金以每日收盤淨值提供投資人買賣，比較適合定期定額投資或長期持有的投資人。直接投資債券的效率最低，因為債券需要進行議價交易，同時又必須凍結較大部位資金，讓資金缺乏彈性。

產品流動性　債券 ETF 勝出

債券 ETF 能在交易時間內以市價買賣，流動性最高。如果市場出現供需不平衡導致無法成交的情況，債券 ETF 會有指定的流動量提供者提供報價義務。主動型債券基金可以以當天收盤淨值做申購或贖回，因此流動性亦無虞。投資債券則是流動性最差，因為個別債券的交易情況差異很大，而且市場容易出現只有買盤或只有賣盤的情況。譬如在 2008 年金融海嘯時候，大部分的債券因為信評突然被降低，賣方在市場求售卻無人問津，最後只能以低於行情許多的價格拋售。個別債券可以說比較適合專業投資人交易。

債券 ETF 透明度高

債券 ETF 和債券，投資人都知道自己的指數與成分內容，透明度高。債券型基金因為主要由經理人管理操作，基金績效和投資部位容易因市場環境而做出調整，透明度較低。

表 5-1	債券市場三大投資工具之比較		
	債券 ETF	主動型債券基金	個別債券
1. 投資成本	中	高	低
2. 資金效率	高	中	低
3. 產品流動性	高	中	低
4. 產品透明度	高	低	高
5. 產品選擇性	高	高	低

資料來源：元大投信整理

　　整體而言，投資人直接投資債券，多數是以收取債券利息，到期拿回本金，以管理現金流量為目標，對於資金流動性的需求較低。而若是考量資產配置，則投資人經常是持有債券 ETF 或債券基金，因為債券 ETF 與債券基金沒有到期日，可以長期參與該債券市場的表現，並與其它股票或商品資產搭配，形成穩定的投資組合。

　　投資人應該參與主動式的債券基金，還是被動式的債券 ETF？這個問題並沒有明確的定論。但是，依據 S&P Dow Jones Index Versus Active（SPIVA）的一項數據顯示，截至 2015

年 6 月底，過去一年只有 10% 的主動型債券型基金報酬超越巴克萊的標竿指數（Barclays Benchmark Index），如果把時間拉長到 5 年，也只有 15% 的主動型債券基金可以打敗標準指數。換言之，主動式債券基金的表現仍多數落後於指數表現。

三、債券 ETF 的交易方式

　　ETF（指數股票型基金）的買賣相當便利，若以交易市場型態區分，可以分為「初級市場交易」及「次級市場交易」，投資人可以依照自身需求，在不同的市場，取得 ETF 分額。

初級市場：實物申贖與現金申贖

　　在初級市場，依照投資人給付的內容不同分為「實物申贖」與「現金申贖」。

　　實物申贖是指投資人交付一籃子與 ETF 成分相同的股票，透過參與證券商以實物方式，向 ETF 發行人取得 ETF 股數，這樣的方式稱之為「實物申購」。相對的，投資人也可透過參與證券商將手中 ETF 的股數，向 ETF 發行人申請「實物買回」，取得對應的一籃子股票。

　　若投資人是以現金進行 ETF 股數的申購與贖回，則這樣的交易方式稱之為「現金申購」和「現金贖回」，類似於一般共同基金的申購與贖回。至於 ETF 初級市場交易是採「實物申贖」或「現金申贖」，主要是依據 ETF 的產品契約規範進行。

次級市場：交易方式如同股票

　　在次級市場交易部分，投資人可以在透過券商開戶，如同股票一般自由買賣。與初級市場交易不同的地方在於，初級市場的申贖會影響整體流通在外的 ETF 股數增加或減少，次級市場的 ETF 交易，ETF 股數只是在不同的投資人之間轉手，並沒有新增或註銷股數的情況。

　　ETF 若在次級市場成交，該成交價格為「市價」，市價反映的是市場投資人願意接受買進與賣出的價格，因此與 ETF 所持有的標的淨資產價值（NAV）並不相同。以下，我們將說明 ETF 的折溢價是如何發生，並告訴您當折溢價發生時，如何透過套利機制將市價與淨值重新趨向於一致。

折溢價的發生

ETF 折溢價指的是 ETF 的市價（市場成交價）與 ETF 淨值的差異。假設 ETF 市價大於淨值，我們稱之為「溢價」；反之，若 ETF 市價小於淨值則稱為「折價」。

為什麼 ETF 會有折溢價的情況發生？這往往取決於次級市場的供（賣盤）需（買盤）是否平衡。如果投資人對於未來指數的看法相當樂觀，紛紛買進，買盤大於賣盤，ETF 容易出現溢價，表示投資人看好後市，願意以高於 ETF 淨值的價格買進 ETF。反之，當投資人不看好後市，使得賣盤大於買盤，則容易造成 ETF 折價。

理論上，當次級市場出現折溢價的情況，參與證券商會藉由初級與次級市場間的套利，賺取價差，並讓 ETF 折溢價收斂。不過在實務上，參與證券商除了看 ETF 的折溢價，也需考慮自身的交易成本，決定是否進行套利交易。參與證券商可能考量的因素，包括：交易手續費、交易稅、ETF 與 ETF 持有的證券流動性等。

一般而言，債券 ETF 比起股票 ETF，折價或溢價持續的時間可能較久，這與投資人結構及債券市場的型態有關。債

券 ETF 的投資人以長期持有者居多，所以假設短線投資人快速拋售，市場承接速度將較慢，容易形成折價，此時，又因債券市場的流動量普遍比股票差，參與證券商要取得成分債的成本較高，使得折價收斂較慢，但是隨次級市場的供需重新取得平衡，折價終將收斂。

除了因為市場供需所造成的折溢價問題外，債券的評價方法亦可能造成 ETF 出現折溢價。債券不同於股票，債券本身並沒有一公開市場價格，不同投資人取得的價格亦不相同。因此，債券 ETF 對帳上債券的評價未必是參與證券商可以取得的價格，可能造成套利的困難度，或是價格認定的差異，導致市價與淨值的偏離。

整體而言，除非債券 ETF 出現長期折溢價，同時受限於市場或產品限制，參與證券商無法透過套利收斂，否則債券 ETF 應具有合理的折溢價空間，投資人也不應過度在意折溢價的出現。

ETF 配息率

由於，債券 ETF 所持有的債券具有固定的利息支付，而債券 ETF 也會揭露加權平均票息率。若債券 ETF 本身具有配

息機制，投資人投資債券 ETF 亦可領取利息。投資人可將 ETF 的配息除以成交市價，就可以大概知道自己所獲取的 ETF 配息率。此外，投資人也可以透過期望的配息率反推自己應該買進的 ETF 價格水準，這對於債券 ETF 投資人而言，反而是更重要的投資決策考量點。

深入介紹債券 ETF 的實物申贖流程

ETF 可以透過一套實物申購與實物買回機制來獲得基金單位。由於 ETF 是以「開放式的共同基金架構」與「指數證券化」的概念，因此其基金單位與信託資產內的股票組合息息相關，發行人依照指數權重制定的一個實物申購基數（Creation Basket）為基準，投資人就能夠依照基金價格與淨值的波動來進行「實物申購」與「實物買回」的申請或實物申購／買回套利。

以下將深入介紹「實物申購」和「實物買回」的流程。

實物申購機制

為便利實物申購買回作業的進行，ETF 經理公司會於每日證券市場開盤前，依指數權重提供「實物申購買回清單」，

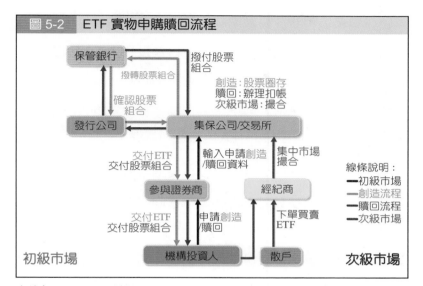

圖 5-2　ETF 實物申購贖回流程

資料來源：元大投信整理

用以約定該營業日接受投資人進行「實物申購」或「實物買回」申請，所需交付／或取得的一籃子債券的比例以及少許的現金餘款（此款項稱作「現金差額」）。

　　實物申購機制是指投資人需依照「實物申購買回清單」之規定，交付固定比例的債券以及現金差額，經由協助實物申購和實物買回機制之參與券商，向 ETF 的經理公司提出申請。投資人所交付之一籃子債券之股數，在通過經理公司的

查驗與集保公司將此股數圈存之後，經理公司會發出受益憑證的發行媒體予集中保管公司，並轉進投資人在證券交易所的託管帳戶。此部分之受益權單位數則可在日後，可選擇經由初級市場的「實物買回申請」換回一籃子債券，或者在次級市場以賣出受益憑證的方式，將獲利實現。

各家經理公司所發行 ETF 之「實物申購／買回」的申請作業，均是經由交易所之實物申購買回平臺辦理，再傳送予經理公司或集保，使得投資者於初級市場申請轉換而得的 ETF 部位，屆時可選擇在次級市場賣出或在初級市場申請實物買回；而當初由次級市場買進所建立之 ETF 部位，未來亦可選擇在次級市場賣出或在初級市場申請實物買回。

交易所藉由實物申購機制，能隨時掌握各檔 ETF 各營業日之已發行單位數，同時亦能在集保的協助下，掌握各投資者的庫存股數，保持市場交易的順暢，不會有賣超 ETF 的情況產生。

1. 申購／買回 ETF	1. 申購／買回 ETF
2. 填寫「實物申購／買回委託書」	2. 填寫「實物申購／買回申請委託書」及「同日買賣 ETF 及其表彰股票組合之買賣申報確認書」。
3. 連線集保查詢庫存部位是否足夠並加以圈存。	
4. 輸入交易所系統，申請庫存創造並持有。	3. 連線集保查詢庫存部位是否足夠並加以圈存。
	4. 輸入交易所系統，申請庫存創造並賣出。
	5. 賣出 ETF。

實物買回機制

實物買回機制的概念與實物申購機制相反，投資人依「實物申購買回清單」上的申購買回基數或整數倍數的指數股票型基金（ETF）受益權單位，經由參與券商在交易所的實物申購買回平臺上，向經理公司提出「實物買回」申請。

經理公司在集保的協助下，確認投資人所提交 ETF 的單位數正確無誤並進行圈存後，將依照當日公告「實物申購買回清單」上約定之債券數額，指示保管行進行部位撥轉，並在集保的協助下，將一籃子債券轉入投資人在證券交易所的

集中保管帳戶。投資人便可由此實物買回的申請程序，取得債券。

實物申購／買回機制　讓 ETF 更貼近指數

對 ETF 的發行機構而言，由於「實物申購」與「實物買回」都是以債券進行，經理公司在受理申購時，不必再立即拿申購款建立資產部位，而在受理買回申請，亦只需指示撥轉債券部位，不必在市場中出脫持股、變現，因此也不會遇到開放型基金的現金買回壓力。因為少了實物申購及買回對基金產生的干擾，使基金買進或賣出持股的週轉率更進一步降低，交易成本更低，貼近指數的效果也更好。

市場套利之運用模式

ETF 同時兼具封閉型基金可以在次級市場上以市場價格交易買賣，以及在初級市場以基金資產淨值進行申購買回的雙重優點。且由於市場價格是由買賣雙方供需力道決定，而資產淨值取決於成分股內的價格表現，因此 ETF 的市場價格與資產淨值間常常會有折、溢價產生，而有套利契機。

以下將詳細說明對於同時持有 ETF 及成分債券部位的機構法人，如何運用 ETF 在現貨市場進行套利：

假設 ETF 在集中市場的報價高於資產淨值（NAV）時，代表 ETF 產生溢價，機構法人可以在次級市場以高於資產淨值的價格大量賣出 ETF，同時在次級市場買進複製 ETF 的一籃子債券組合，而此一籃子債券的成本將十分接近基金資產淨值。

接著以買進的債券組合，向參與券商申請實物申購（並同時申請「同日買賣」），在辦理實物申購的第三個（T+2）營業日將拿到 ETF，再以此 ETF 部位與沖銷 T 日賣出的 ETF 部位。經由前後三個營業日（T 日至 T+2 日）的沖銷，機構法人可賺取市價高於基金資產淨值的部分。

此一套利機制，促使 ETF 在集中市場的價格受到機構投資人套利賣盤進駐帶動市場報價下跌，因而使 ETF 的市場價格向淨值靠攏。當 ETF 市價和淨值之間的價差為零時，機構法人的套利活動也將因活動的利差歸零而停止，不會使基金的市價因套利賣盤再度高於基金淨值。

由於 ETF 的價差套利涉及實物申贖機制在初級與次級市場的運用，一般證交所都會有最小實物申購及買回單位的限制。

以追蹤臺灣 50 指數表現為目標的臺灣卓越 50 基金為例，它的最小實物申購單位為 50 萬受益憑證單位，換算市值約當 2,500 ～ 3,000 萬臺幣（依當時臺灣 50 單位淨值而定），並非一般小額投資人能夠負擔，因而通常適用的對象為機構法人。

另一種產生套利機會的情境則為：當 ETF 在集中市場的報價低於其資產淨值時（即發生折價），機構法人可以在次級市場以低於 ETF 合理價值（ETF 資產淨值）的價位取得 ETF 部位，並同時以約當資產淨值的價格賣出一籃子債券，然後將先前建立的 ETF 部位在初級市場進行實物買回（並同時申請「同日買賣」），T+2 日將得到投信轉換後提供之一籃子債券，以回補先前賣出的該一籃債券部位，藉此賺取價差套利。

法人藉由在次級市場買入 ETF 的動作，促使 ETF 價格上揚，縮小了折價空間，亦間接帶動 ETF 報價與淨值之間的差距縮小。這就是市場套利活動的進行，讓 ETF 價格與淨值趨於一致的效果也正是由於此一套利機制，讓機構法人樂於積極的參與 ETF 交易，進而帶動整體 ETF 熱絡交易。套利活動

在市場盛行時，ETF 的折溢價空間將會逐漸縮小；當 ETF 在集中市場的報價與資產淨值趨於一致時，又會加強最終投資人（End Users）投資 ETF 的意願，進而促使整體 ETF 更加的蓬勃發展。

由此可知，此一套利機制是讓法人與散戶積極進場的非常關鍵因素，也是塑造一檔成功 ETF 不可或缺的重要因子。

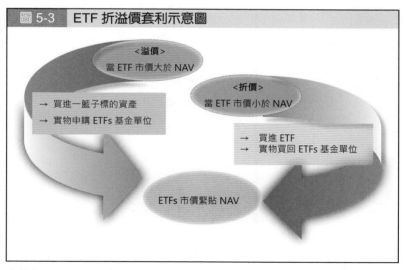

圖 5-3　ETF 折溢價套利示意圖

<溢價>
當 ETF 市價大於 NAV

→ 買進一籃子標的資產
→ 實物申購 ETFs 基金單位

<折價>
當 ETF 市價小於 NAV

→ 買進 ETF
→ 實物買回 ETFs 基金單位

ETFs 市價緊貼 NAV

資料來源：元大投信整理

6

臺灣寶島債市場介紹

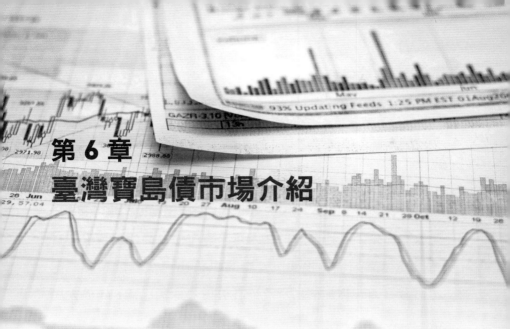

第 6 章
臺灣寶島債市場介紹

💵 一、寶島債市場的發展

　　國內、外發行人於臺灣募集發行，並向櫃買中心申請上櫃之外幣計價債券稱為「國際債券」（International Bond）。國際債券市場在 2014 年開始蓬勃發展，主要是受到《保險法》放寬保險業投資於國內證券市場上市或上櫃買賣之國際債券，不計入其國外投資限額（最高不得超過各該保險業資金之 45%），提供保險業海外投資資金回流之誘因，並促成國際發行人來臺大量發債。2014 年國際版債券的發行規模甚至首度超越公債的發行量，成為發行量最大的債券市場。

　　如果該檔國際債券是採人民幣計價發行，則我們又稱之為「寶島債」（Formosa Bond）；而在香港，則將在香港募集

發行的人民幣債券稱之為「點心債」（Dim Sum Bond）。

　　寶島債市場起源於 2013 年由中國信託商業銀行發行首檔三年期，規模 10 億人民幣的寶島債。隨市場制度與國際接軌，並放寬部分大陸地區註冊法人可來臺發債，而保險業投資寶島債亦可認列境內投資，使得寶島債市場快速成長，截至 2015 年 9 月，寶島債市場流通在外債券餘額已達 611 億人民幣。

　　寶島債市場的興起，政策性的支持是很重要的因素。其中，櫃買中心配合金融監督管理委員會辦理「發展具兩岸特色之金融業務」計畫及「以臺灣為主之國人理財平臺」規劃方案，從固定收益性商品開始推動，規劃建置寶島債券之櫃檯買賣制度，一方面提供國內、外企業更便捷、更多元化之籌資管道，另一方面則建置人民幣之投資渠道，滿足投資人對人民幣計價商品投資需求，為主要的政策執行單位。

　　以下參考臺灣央行 2014 年國際金融穩定報告，就寶島債券市場制度發展歷程做一說明：

法規制度面之重大沿革

初期（101 年 11 月至 103 年 5 月）

1. 開放人民幣債券的募集與發行，以及建置兩岸貨清算機制與 DBU 正式開辦人民幣業務等，並將人民幣納入外結算平臺，為臺灣發展人民幣離岸市場開啟新頁。

2. 實施國際債券市場分級管理機制：投資人屬性區分為專業機構（係指《金融消費者保護法》第 4 條所稱之專業投資機構）及非專業投資機構（一般投資人），大幅鬆綁專業板債券（僅銷售給專業投資機構者）之發行人資格、程序及審查書件等要求；至於可銷售予一般投資人之非專業板債券，則多維持原有作法，以保障一般投資人權益。

3. 開放部分大陸地區註冊法人來臺發行僅銷售予專業投資機構人民幣計價普通公司債，大陸地區發行人應先向櫃買中心取具該債券得為櫃檯買賣之同意函，併同預定發行辦法、發行人基本資料及資金用途等資料事先報備本行外匯局，並副知金管會證券期貨局及櫃買中心後，始得發行。

4. 集保結算所與歐洲清算銀行（Euroclear）及明訊銀行
   （Clearstream）連結，提供外國投資人投資國際債券之款
   券交割服務。

蓬勃發展期

1. 103 年 6 月 4 日修正「保險法」，放寬保險業投資於國內
   證券市場上市或上櫃買賣之國際債券，不計入其國外投
   資限額（最高不得超過各該保險業資金之 45%），提供
   保險業海外投資資金回流之誘因。

2. 放寬專業板債券之銷售對象，由銀行業、證券業或保險
   業等「專業投資機構」擴大為「專業投資人」，俾具一
   定財力或專業能之法人或自然人參與。

市場發行狀況及風險評估

　　寶島債市場自 2013 年 3 月中國信託發行第一檔寶島債
後，截至 2015 年 9 月，市場流通在外寶島債檔數已達 96 檔，
規模達 611 億人民幣。由圖 6-1 可以發現，寶島債市場正持續
增長，而寶島債市場的結構也持續轉變。

　　2013 年初，寶島債主要由中國信託、彰化銀行、遠東新、東元電機等本土發行人，以支持市場發展為目的進行發債。不過，自從 2013 年 12 月放寬部分大陸地區註冊法人可來臺發債後，中國建設銀行香港分行與其他國有銀行海外分行紛紛來臺發債，穩定寶島債市場發債規模。

　　到了 2015 年初，人民幣與美金換匯換利走高，使得債券發行人以人民幣發行債券後，將人民幣與美金匯率進行避險，並轉換為美金融資使用，在過程中發行人的發債成本比起直

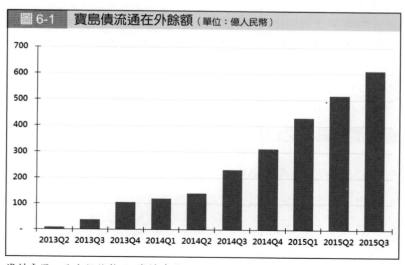

圖 6-1　寶島債流通在外餘額（單位：億人民幣）

資料來源：元大投信整理　資料時間：2013/3-2015/9

接發行美金計價債券成本還低，使得國際發行人紛紛來臺發債，促成寶島債市場實質性的增長。

而若觀察寶島債的剩餘年期分布，可以發現當中以 3~5 年期占比 39%，比重最大，其次為 1~3 年期，占比 36%。整體而言，寶島債的發行年期普遍仍偏短，利率風險不高。（請參閱圖 6-2）

對於寶島債以人民幣計價，會不會造成大量的投資風險集中於中國發行人？若以目前寶島債發行人公司註冊地統計，雖然以香港占比 33% 最大，但臺灣發行人亦占比 22%；新加坡發行人占比 12%；韓國發行人占比 12%，發行人的組成仍屬多元。而在信用評等，目前多數的寶島債券其發行人信用評等皆屬於投資等級，顯示整體信用風險仍低。（請參閱圖 6-3）

寶島債投資人之組成結構

寶島債市場的主要投資人共可分為銀行、保險、外國法人與證券，其中又以銀行與保險業持有寶島債的規模占比達 72% 最大，其次則為證券占比 18%，外國法人占比 5.3%。

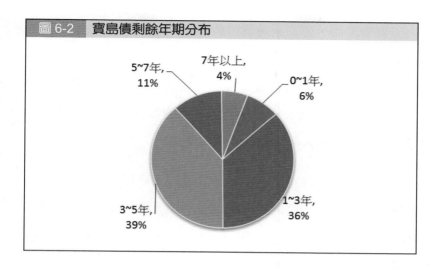

圖 6-2　寶島債剩餘年期分布

5~7年, 11%
7年以上, 4%
0~1年, 6%
1~3年, 36%
3~5年, 39%

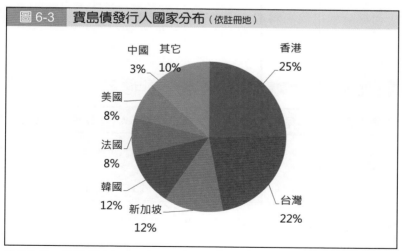

圖 6-3　寶島債發行人國家分布（依註冊地）

中國 3%
其它 10%
香港 25%
美國 8%
法國 8%
韓國 12%
新加坡 12%
台灣 22%

資料來源：彭博（Bloomberg）、元大投信整理　資料時間：2015/9

　　觀察原因，自從臺灣銀行於 2013 年 2 月開放人民幣存放款業務後，截至 2015 年 5 月，臺灣人民幣存款規模已達 3,362 億人民幣，占整體外幣存款達三分之一，為全球人民幣存款第二大的市場，僅次於香港。因此，對境內商業銀行而言，寶島債成為去化人民幣存款的重要管道。

　　另外，對保險業而言，2014 年 6 月 4 日修正《保險法》，放寬保險業投資於國內證券市場上市或上櫃買賣之國際債券，不計入其國外投資限額。因此，相較國內可投資的固定收益工具，如臺灣政府公債、公司債，寶島債的收益率高出約 2%，吸引保險機構紛紛將資金投向寶島債市場。

表 6-1	寶島債市場各類投資人投資金額占比					
投資人類型	保險	銀行	證券	外國法人	其他	合計
投資金額 （單位：億人民幣）	146	90.7	58.6	17.4	13.1	325.8
比率（%）	44.8	27.8	18	5.3	4.1	100

資料來源：中央銀行外匯局　資料期間：103 年1月至104年3月

二、何謂寶島債指數

　　寶島債指數除了具代表性及可交易特性外，亦可反映臺灣寶島債券市場整體漲跌與殖利率的走勢變化，有助於提升寶島債券市場的透明度。另外，寶島債指數可做為未來發展寶島債券 ETF（指數股票型基金）追蹤標的，讓小額投資人參與並分享我國寶島債券市場建設成果。

　　在寶島債券市場快速發展下，櫃買中心於 2015 年 7 月 1 日公布寶島債券指數編製原則。在指數原則公布之前，櫃買中心已於 6 月 24 日召開寶島債券指數編製諮詢委員會，就寶島債券指數的成分債券選樣原則、計算公式、權數以及發布頻率等進行討論，並且通過指數編製原則。

「寶島債券指數」編製原則

　　櫃買中心目前規劃發布的寶島債券指數，計有人民幣計價之寶島債券指數及新臺幣計價之寶島債券指數兩種。依據寶島債券指數編製原則，指數成分債券的選樣原則如下：債券發行人信評等級須為標準普爾（S&P）A+、A 或 A- 或穆迪（Moody's）A1、A2 或 A3。換言之，指數成分債券全部都屬

於投資等級。另外，為考慮市場流動性，債券流通在外餘額須達人民幣 5 億元以上，且剩餘年限須達 6 個月以上、10 年以下。以下就寶島債指數的編製原則進行整理：

表 6-2	寶島債券指數編製原則
指數名稱	寶島債券指數（Formosa Bond Index）
債券納入資格	在臺灣發行之人民幣計價債券
債券條件	1. 還本付息：固定利率，到期一次償付本金，排除浮動利率債或具有附選擇權之債券。 2. 債券年期：剩餘年期在 6 個月（含）以上與 10 年期（含）以下之債券。 3. 流通在外規模：未到期流通面額達 5 億人民幣（含）以上。 4. 債券發行人資格：發行人信評為標準普爾 A+、A 或 A- 或穆迪 A1、A2 或 A3 者（若同時有標準普爾與穆迪，以標準普爾信評為判別標準）。
調整頻率	月調整

資料來源：櫃檯買賣中心，元大投信整理

📧 三、寶島債市場的投資方式

隨著人民幣國際化與貿易往來度提高，國內人民幣存款預期將隨之增加，而對於人民幣固定收益產品的需求也將持續增長。目前，國人投資人民幣仍以追求相對高的收益率為訴求，並且認為人民幣長期具有升值潛力，但投資工具則仍以優惠定存居多。

寶島債市場的出現，有助於投資人可選擇工具更加多元，並增加投資效率。由圖 6-4，櫃買中心在 2015 年 5 月 25 日開始公布寶島債殖利率曲線，截至 2015 年 6 月 25 日，五年期 A 等級寶島債平均收益率落在 3.97%，A- 等級寶島債收益率落在 4.08%，皆比當下定存利率更高，因此極具有吸引力。

投資人可以透過以下方式參與寶島債市場：

方式一：直接投資寶島債債券

由於每檔寶島債都需要在櫃買中心登錄，因此投資人可透過櫃買中心網站查詢到國際版債券（含寶島債）之債券資訊，路徑：櫃買首頁 > 債券市場資訊 > 國際債券資料查詢（含寶島債）。（請參閱圖 6-5）

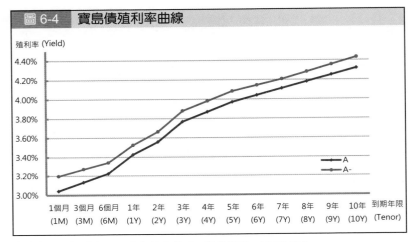

資料來源：櫃買中心，元大投信整理　資料期間：2015/6/25

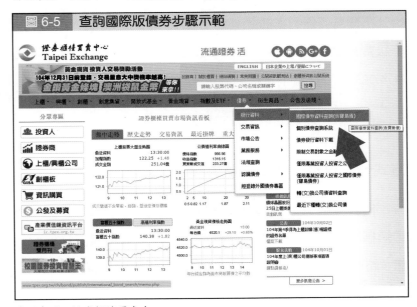

資源來源：證券櫃檯買賣中心

　　舉例來說，債券代號 F00215，由中美洲銀行（Central American Bank for Economic Integration）發行之債券，計價幣別為人民幣（CNY），五年期，發行票面利率報在 3.85%，屬於寶島債標的，但僅售予專業投資者。（請參閱圖 6-6）

交易相關規範

　　寶島債依其可銷售對象，可分為：一般投資人及專業投

圖 6-6　櫃買中心國際債券查詢頁面

資料來源：櫃買中心　資料時間：2015/6/29

資人。目前外國發行人僅限於我國境內發行銷售予「專業投資人」之外幣計價國際債券，該類債券無須向中央銀行申請核准，而採事前報備即可，且亦豁免向主管機關之申報生效程序。發行人向櫃買中心申請掛牌交易時，不需取得債券信用評等，亦不需指定報價證券商，另資訊申報時可採用網站連結方式辦理資訊揭露，以大幅縮減發行人成本，目前多數國際債券以僅銷售與專業投資人方式發行。

依財團法人中華民國證券櫃檯買賣中心外幣計價國際債券管理規則，專業投資人係指符合下列條件之一者：

一、證券商管理規則第十九條之七第二項所稱之專業機構投資人。

二、最近一期經會計師查核或核閱之財務報告總資產超過新臺幣五千萬元之法人或基金。

三、同時符合以下三項條件，並以書面向證券商申請為專業投資人之自然人：

　　1. 提供新臺幣三千萬元以上之財力證明；或單筆交易金額逾新臺幣三百萬元，且於該證券商之投資往來總資產逾新臺幣一千五百萬元，並提供總資

產超過新臺幣三千萬元以上之財力聲明書。

2. 投資人具備充分之金融商品專業知識或交易經驗。

3. 投資人充分瞭解證券商與專業投資人進行債券交易得免除之責任，同意簽署為專業投資人。

前項有關專業投資人應符合之資格條件，應由證券商盡合理調查之責任，並向投資人取得合理可信之佐證依據。

櫃買中心提供證券商與客戶間得於其營業處所進行寶島債買賣斷及附條件交易。其中，主要交易時間為營業日早上九點至下午三點，而寶島債的最小交易面額為 100 萬人民幣，並於 T+3 日完成交割。（請參閱表 6-3）

方式二：投資寶島債相關商品

一般投資人直接投資寶島債債券難度仍高，除了因為多數債券僅售予專業投資人外，寶島債債券最小投資金額較高，而且每人每日透過帳戶買賣人民幣的限額是 2 萬人民幣。同時，投資人也須至證券商營業處所進行議價，相關流程皆提高投資人參與債券市場的進入門檻，而若投資人僅持有一檔債券也面臨較高的債券信用風險。

全球債券 ETF 投資實務與應用

表 6-3　證券商營業處所議價交易國際債券規範

項 目	募集與發行之外幣計價國際債券	
交易型態	自營商與自營商間之買賣斷及附條件交易 自營商與客戶間之買賣斷及附條件交易	
交易方式	自行議價交易	
交易幣別	以交易標的之發行幣別交易	
交易對象	法人及自然人	限以證券交易法第 43 條之 6 第 1 項 第 1～3 款為限
交易時間	週一至週五，9：00am~3：00pm 但若買賣之外幣計價國際債券已於國外交易所掛牌者，則無交易時間之限制。	
報價方式	百元價與殖利率皆可，升降單位為萬分之一個百分點（0.0001％）或萬分之一元 (0.0001 元)	
盤後揭示	於櫃買中心網站揭示包括營業處所成交行情表、處所成交各期次債券殖利率及百元價格表、處所成交金額統計表等	
交割週期	自營商應與客戶於 T＋3 日（或經專案核准得於 T+7 日）完成交割	
款項交割	由交易雙方自行約定給付結算方式	

資料來源：櫃買中心，元大投信整理

櫃買中心在 2015 年 7 月 1 日公布寶島債指數編製原則，並於 8 月底編製完成。同年 9 月 30 日公布寶島債指數，爾後，若能將寶島債指數商品化，將提供投資人以小金額與風險分散的方式，以較低之成本參與寶島債市場的投資機會。

寶島債指數商品化的優勢

1. 投資人參與債券市場將更為方便

目前寶島債市場的最小參與金額為 100 萬人民幣，資金進入門檻較高。如果該商品可以降低最小參與金額，並將計價幣別設計為臺幣計價，則投資人參與債券市場將更方便，並且可避免臺幣與人民幣之間的每日換匯限制與換匯成本。

2. 債券風險更分散

投資人持有單一債券，若債券違約，將面臨較大之信用損失，如果能透過將寶島債指數商品化，投資人將可以透過投資該商品參與寶島債指數的報酬，並透過該商品持有多檔債券，可有效達成信用風險分散。

3. 理財工具更多元，豐富資產配置彈性

過去證券市場投資人經常持有高股息股票，並以股票股利作為現金流量來源。但高股息股票始終具有股票特性，在市場震盪時，價格表現波動仍高。債券相關商品含有債券利息報酬，若可定期分配利息收入，將可提供投資人穩定現金流量，並有助於投資人透過持有股票與債券，分散整體投資組合波動，以達成理財與資產配置兼具的目標。

附錄

一、Top 50 美國債券 ETF

	基金名稱	代碼	基金規模 （百萬美元）	基金類別
1	先鋒全債券市場 ETF	BND US	26,989	綜合債券
2	iShares 核心美國整合債券 ETF	AGG US	25,352	綜合債券
3	iShares iBoxx$ 投資級公司債 ETF	LQD US	21,298	公司債券
4	先鋒短期債券 ETF	BSV US	16,347	綜合債券
5	iShares iBoxx 美元高收益公司債 ETF	HYG US	14,591	公司債券
6	iShares TIPS 債券 ETF	TIP US	13,889	抗通膨債券
7	iShares 美國特別股 ETF	PFF US	13,314	特別股
8	iShares 1-3 年期信用債 ETF	CSJ US	10,964	公司債券
9	iShares 1-3 年國庫債指數 ETF	SHY US	10,771	政府債券

	基金名稱	代碼	基金規模 （百萬美元）	基金類別
10	SPDR 巴克萊高收益債券 ETF	JNK US	10,516	公司債券
11	先鋒短期公司債 ETF	VCSH US	10,347	公司債券
12	iShares MBS ETF	MBB US	7,054	不動產抵押證券
13	iShares 中期信用債券 ETF	CIU US	6,276	公司債券
14	iShares 7-10 年公債 ETF	IEF US	6,143	政府債券
15	Vanguard 中期債券 ETF	BIV US	5,993	綜合債券
16	PowerShares 優先貸款投資組合	BKLN US	5,436	貸款
17	iShares 小摩美元新興市場債 ETF	EMB US	5,390	新興市場債券
18	先鋒中期公司債 ETF	VCIT US	5,375	公司債券
19	iShares 3-7 年公債 ETF	IEI US	5,224	政府債券
20	iShares 全國免 AMT 地方債 ETF	MUB US	5,037	市政債券
21	iShares 20+ 年公債 ETF	TLT US	4,940	政府債券
22	SPDR 巴克萊短期高收益債 ETF	SJNK US	4,191	公司債券
23	SPDR 巴克萊短期公司債 ETF	SCPB US	4,007	公司債券
24	PIMCO 增強型短到期活絡指數股	MINT US	3,657	綜合債券
25	iShares 浮動利率債券 ETF	FLOT US	3,365	公司債券
26	先鋒全部國際債券 ETF	BNDX US	3,266	綜合債券
27	SPDR 巴克萊可轉換證券 ETF	CWB US	3,001	可轉債券

	基金名稱	代碼	基金規模（百萬美元）	基金類別
28	PowerShares 特別股投資組合	PGX US	2,785	特別股
29	PIMCO 0-5 年高收公司債指數 ETF	HYS US	2,736	公司債券
30	SPDR Nuveen Barclays 短期市政債券 ETF	SHM US	2,637	市政債券
31	PowerShares 新興市場主權債券基金	PCY US	2,612	新興市場債券
32	PIMCO 總回報活絡 ETF	BOND US	2,506	綜合債券
33	iShares 短期國庫券 ETF	SHV US	2,206	政府債券
34	FlexShares iBoxx3 年期目標債券 ETF	TDTT US	2,117	抗通膨債券
35	iShares 巴克萊美國政府與信用指數基金	GVI US	1,824	綜合債券
36	Vanguard 短期抗通膨債券 ETF	VTIP US	1,759	抗通膨債券
37	Schwab U.S. 綜合債券 ETF	SCHZ US	1,636	綜合債券
38	Market Vectors 高收益市政債券 ETF	HYD US	1,501	市政債券
39	Vanguard 不動產抵押證券 ETF	VMBS US	1,469	不動產抵押證券
40	SPDR 巴克萊國際公債 ETF	BWX US	1,453	政府債券
41	SPDR Barclays 1-3 個月國庫券 ETF	BIL US	1,444	政府債券
42	PowerShares 金融特別股投資組合 ETF	PGF US	1,429	特別股

	基金名稱	代碼	基金規模 （百萬美元）	基金類別
43	iShares 核心美國國庫債券 ETF	GOVT US	1,338	政府債券
44	SPDR Nuveen Barclays 市政債券 ETF	TFI US	1,323	市政債券
45	Market Vectors 新興市場當地貨幣債券 ETF	EMLC US	1,297	新興市場債券
46	Vanguard 長期債券 ETF	BLV US	1,186	綜合債券
47	PIMCO 1-5 Year 美國抗通膨債券 ETF	STPZ US	1,181	抗通膨債券
48	iShares 短期債券 ETF	NEAR US	1,172	綜合債券
49	Market Vectors 中期市政債券 ETF	ITM US	1,111	市政債券
50	SPDR Barclays 綜合債券	LAG US	986	綜合債券

資料來源：Bloomberg　資料時間：2015/7/21

二、Top 50 歐洲債券 ETF

	基金名稱	代碼	基金規模 （百萬美元）	基金類別
1	iShares 核心歐元公司債 UCITS ETF	IEAC LN	6,496	公司債券
2	iShares 歐元高收益公司債 ETF	IHYG LN	4,173	公司債券
3	iShares 摩根大通美元新興市場債券 ETF	IEMB LN	4,048	新興市場債券
4	iShares 美元計價公司債券 UCITS	LQDE LN	3,112	公司債券

基金名稱	代碼	基金規模 （百萬美元）	基金類別
5	iShares 美元高收益公司債 ETF	IHYU LN	2,624	公司債券
6	iShares 美元公債 1-3 UCITS ETF	IBTS LN	2,442	政府債券
7	iShares 核心英鎊公司債 UCITS ETF	SLXX LN	2,174	公司債券
8	Ashmore SICAV Emerging Markets 公司債券 Debt ETF	ACDF LN	2,164	新興市場債券
9	iShares 歐洲公司（除金融）債券 UCITS ETF	IEXF LN	2,050	公司債券
10	iShares 核心英國公債 UCITS ETF	IGLT LN	1,878	政府債券
11	iShares 歐元整合債券 UCITS ETF	IEAG LN	1,851	綜合債券
12	iShares 歐洲公司債 1-5 年 UCITS	SE15 LN	1,742	公司債券
13	iShares 新興市場當地公債 ETF	IEML LN	1,729	新興市場債券
14	iShares 美元公債 7-10 年 UCITS ETF	IBTM LN	1,709	政府債券
15	iShares 歐洲政府公債 3-5 年 UCITS ETF	IBGX LN	1,687	政府債券
16	iShares 歐元公司債券 ETF	EEX5 LN	1,403	公司債券
17	PIMCO US Dollar Short Maturity Source UCITS ETF	MINT LN	1,379	綜合債券
18	Ashmore SICAV Emerging Markets Total Return Fund Ashmore Source UCITS ETF	ATRF LN	1,365	新興市場債券

	基金名稱	代碼	基金規模 （百萬美元）	基金類別
19	iShares 美元抗通膨債券 UCITS ETF	ITPS LN	1,350	政府債券
20	iShares 核心歐洲政府公債 UCITS	IEGA LN	1,338	政府債券
21	iShares 英國政府債券 0-5 年 UCITS ETF	IGLS LN	1,253	政府債券
22	iShares 歐元資產擔保債券 UCITS ETF	SCOV LN	1,125	公司債券
23	iShares 歐洲公債 1-3 年 UCITS ETF	IBGS LN	1,101	政府債券
24	PIMCO 短期高收益公司債券 ETF	STHY LN	1,085	公司債券
25	PIMCO 短期高收益公司債券	STHE LN	1,085	公司債券
26	PIMCO 短期高收益公司債券	STYC LN	1,085	公司債券
27	iShares 英鎊公司債 1-5 年 UCITS	IS15 LN	1,071	公司債券
28	iShares 英鎊指數連結英國公債 UCITS ETF	INXG LN	1,021	政府債券
29	iShares 歐元抗通膨政府債券 Bond UCITS ETF	IBCI LN	928	政府債券
30	iShares 歐元公司債券 Bond	IRCP LN	910	公司債券
31	iShares 西班牙政府債券 ETF	IESP LN	872	政府債券
32	iShares 義大利政府債券 ETF	IITB LN	822	政府債券
33	iShares 全球公司債券 ETF	CRPH LN	762	公司債券
34	iShares 全球政府公債 UCITS ETF	SGLO LN	637	政府債券

	基金名稱	代碼	基金規模 （百萬美元）	基金類別
35	iShares US 綜合債券 UCITS ETF	IUAG LN	611	公司債券
36	db x-trackers II IBOXX 全球抗通膨債券 UCITS ETF	XGIG LN	586	抗通膨債券
37	iShares 全球抗通膨政府債券 ETF	SGIL LN	553	政府債券
38	iShares JP Morgan 美元新興市場債券 ETF	EMBE LN	547	新興市場債券
39	db x-trackers II 全球主權債券 UCITS ETF	XGSG LN	518	政府債券
40	iShares 歐元政府債券 ETF	IBGM LN	507	政府債券
41	iShares $ 短期公司債券 UCITS ETF	SDIG LN	463	公司債券
42	iShares 全球公司債券 ETF	CORP LN	430	公司債券
43	UBS ETF - Barclays US Liquid 公司債券 1-5 年 UCITS ETF	UC82 LN	329	公司債券
44	iShares 全球高收益債券 UCITS ETF	HYLD LN	322	公司債券
45	iShares 美元短期高收益公司債券 UCITS ETF	SDHY LN	320	公司債券
46	iShares GBP 公司債券 Bond ex-Financials UCITS ETF	ISXF LN	307	公司債券
47	iShares GBP Ultrashort Bond UCITS ETF	ERNS LN	299	公司債券
48	Barclays US Liquid Corporates UCITS ETF (USD)	UC85 LN	297	公司債券

	基金名稱	代碼	基金規模 (百萬美元)	基金類別
49	iShares 歐元政府債券 ETF	IBGL LN	292	政府債券
50	iShares 歐元公司債券 ETF	IEBB LN	267	公司債券

資料來源：Bloomberg 資料時間：2015/7/21

三、亞洲債券 ETF

	基金名稱	代碼	基金規模 (百萬美元)	基金類別
1	沛富基金	2821 HK	3,173	政府債券
2	三星 KODEX 韓圜現金 ETF	153130 KS	1,102	綜合債券
3	SSE 城投債券 ETF	511220 CH	991	綜合債券
4	未來資產 Tiger 貨幣市場 ETF	157450 KS	756	綜合債券
5	ABF 香港創富債券指數基金	2819 HK	389	政府債券
6	Samsung KODEX KRW Cash Plus ETF	214980 KS	358	綜合債券
7	CSO 中國 5 年國庫債券 ETF	83199 HK	349	政府債券
8	KB KStar Short Term MSB ETF	196230 KS	235	綜合債券

	基金名稱	代碼	基金規模 （百萬美元）	基金類別
9	Hanwha ARIRANG Short-Term BOND ETF	190160 KS	200	綜合債券
10	KStar 韓國公債 ETF	114100 KS	174	政府債券
11	KyoboAXA POWER KTB ETF - Bond	176710 KS	136	綜合債券
12	Korea Investment Short-Term MSB Money Market ETF	190620 KS	122	綜合債券
13	E Fund Citi 中國國債 5-10 年期指數 ETF	82808 HK	110	綜合債券
14	友利 KOSEF 增強現金 ETF	130730 KS	100	綜合債券
15	友利 KOSEF 韓國公債 ETF	114470 KS	100	政府債券
16	Hanwha ARIRANG 槓鈴債券 ETF	190150 KS	86	綜合債券
17	友利 KOSEF MSB ETF	122260 KS	64	政府債券
18	Guotai SSE 5-Year 中國國債 ETF	511010 CH	63	政府債券
19	日興上市指數基金國際債券	1677 JP	56	政府債券
20	CSOP China 極短債券 ETF	83122 HK	51	政府債券
21	KB KStar 信用債券證券 ETF	136340 KS	47	公司債券

	基金名稱	代碼	基金規模 （百萬美元）	基金類別
22	三星 KODEX 公債 ETF	114260 KS	29	政府債券
23	未來資產 TIGER 3 年期韓國公債 ETF	114820 KS	28	政府債券
24	Bosera SSE 企債 30 ETF	511210 CH	27	公司債券
25	iShares 人民幣債券指數 ETF	83139 HK	18	綜合債券
26	友利 KOSEF 10 年期韓國公債 ETF	148070 KS	18	綜合債券
27	友利 KOSEF 10 年期韓國公債 槓桿型 ETF	167860 KS	14	綜合債券
28	BMO 亞洲美元投資級別債券 ETF	3141 HK	12	綜合債券
29	Samsung KODEX10 年期抗通膨 債券 ETF	176950 KS	9	綜合債券
30	Mirae Asset TIGER SYNTH-IBOXX Short Term High Yield ETF	182490 KS	9	綜合債券
31	KITM KINDEX 公債 ETF	114460 KS	8	政府債券
32	三星 KODEX 10 年期韓國公債 ETF	152380 KS	6	綜合債券
33	Harvest CSI 金邊中期政府債券 ETF	159926 CH	4	政府債券

資料來源：Bloomberg　資料時間：2015/7/21

國家圖書館出版品預行編目資料

全球債券 ETF 投資實務與應用 / 劉宗聖、張美
媛、周宜縉、吳承勳、張勝原著. -- 初版. --
臺北市：麥格羅希爾, 2015.11
　　面；　公分. --（輕鬆投資；EI006）
ISBN　978-986-341-209-0（平裝）

1. 投資技術　2. 投資分析

563.5　　　　　　　　　　　　104024234

輕鬆投資 EI006

全球債券 ETF 投資實務與應用

作　　　者	劉宗聖、張美媛、周宜縉、吳承勳、張勝原
特 約 編 輯	杜佳儒
封 面 設 計	張瑜卿
行 銷 業 務	曾時杏、郭湘吟
業 務 經 理	李永傑
合 作 出 版	美商麥格羅希爾國際股份有限公司臺灣分公司
暨 發 行 所	臺北市 10044 中正區博愛路 53 號 7 樓
	Email:tw_edu_service@mheducation.com
	Tel: (02) 2383-6000　Fax: (02) 2388-8822
	元大證券投資信託股份有限公司
	臺北市 105 松山區敦化南路一段 66 號 5、6 樓及 68 號 2 樓之 1
	http://www.yuantafunds.com
	Email: cs@yuanta.com
	Tel: (02) 2717-5555　Fax: (02) 2772-2033
總 經 銷	聯合發行股份有限公司
	Tel: (02) 2917-8022
法 律 顧 問	惇安法律事務所盧偉銘律師、蔡嘉政律師
製 版 廠	信可印刷有限公司　　02-2221-5259
電 腦 排 版	林婕瀅　　　　　　　0925-691-858
出 版 日 期	2015 年 11 月（初版一刷）
定　　　價	250元

ISBN：978-986-341-209-0

10044

台北市中正區博愛路53號7樓

美商麥格羅希爾國際出版公司
McGraw-Hill Education (Taiwan)

麥格羅‧希爾
全球智慧中文化

感謝您對麥格羅‧希爾的支持
您的寶貴意見是我們成長進步的最佳動力

姓　名：＿＿＿＿＿＿＿＿＿＿＿　先生　小姐　　出生年月日：＿＿＿＿＿＿＿

電　話：＿＿＿＿＿＿＿＿＿＿　E-mail：＿＿＿＿＿＿＿＿＿＿＿＿＿

住　址：＿＿＿＿＿＿＿＿＿＿＿＿＿＿＿＿＿＿＿＿＿＿＿＿＿＿＿＿＿

購買書名：＿＿＿＿＿＿＿　購買書店：＿＿＿＿＿＿　購買日期：＿＿＿＿

學　　　歷：　□高中以下（含高中）□專科　□大學　□碩士　□博士

職　　　業：　□管理　□行銷　□財務　□資訊　□工程　□文化　□傳播
　　　　　　　□創意　□行政　□教師　□學生　□軍警　□其他＿＿＿＿＿＿

職　　　稱：　□一般職員　□專業人員　□中階主管　□高階主管

您對本書的建議：

　內容主題　□滿意　□尚佳　□不滿意　因為＿＿＿＿＿＿＿＿＿＿＿＿＿

　譯／文筆　□滿意　□尚佳　□不滿意　因為＿＿＿＿＿＿＿＿＿＿＿＿＿

　版面編排　□滿意　□尚佳　□不滿意　因為＿＿＿＿＿＿＿＿＿＿＿＿＿

　封面設計　□滿意　□尚佳　□不滿意　因為＿＿＿＿＿＿＿＿＿＿＿＿＿

　其他＿＿＿＿＿＿＿＿＿＿＿＿＿＿＿＿＿＿＿＿＿＿＿＿＿＿＿＿＿＿

您的閱讀興趣：□經營管理　□六標準差系列　□麥格羅‧希爾 EMBA 系列　□物流管理
　　　　　　　□銷售管理　□行銷規劃　□財務管理　□投資理財　□溝通勵志　□趨勢資訊
　　　　　　　□商業英語學習　□職場成功指南　□身心保健　□人文美學　□其他＿＿＿＿＿

您從何處得知　□逛書店　□報紙　□雜誌　□廣播　□電視　□網路　□廣告信函

本書的消息？　□親友推薦　□新書電子報　促銷電子報　□其他＿＿＿＿＿＿＿＿＿＿

您通常以何種　□書店　□郵購　□電話訂購　□傳真訂購　□團體訂購　□網路訂購

方式購書？　　□目錄訂購　□其他＿＿＿＿＿＿＿＿＿＿＿＿＿＿＿＿＿＿＿

您購買過本公司出版的其他書籍嗎？　書名＿＿＿＿＿＿＿＿＿＿＿＿＿＿＿＿

您對我們的建議：

＿＿＿＿＿＿＿＿＿＿＿＿＿＿＿＿＿＿＿＿＿＿＿＿＿＿＿＿＿＿＿＿＿＿

＿＿＿＿＿＿＿＿＿＿＿＿＿＿＿＿＿＿＿＿＿＿＿＿＿＿＿＿＿＿＿＿＿＿

＿＿＿＿＿＿＿＿＿＿＿＿＿＿＿＿＿＿＿＿＿＿＿＿＿＿＿＿＿＿＿＿＿＿

＿＿＿＿＿＿＿＿＿＿＿＿＿＿＿＿＿＿＿＿＿＿＿＿＿＿＿＿＿＿＿＿＿＿

Mc Graw Hill Education 麥格羅·希爾 *Your Learning Partner*	信用卡訂購單	（請影印使用）

我的信用卡是☐VISA　☐MASTER CARD（請勾選）

持卡人姓名：　　　　　　　　　信用卡號碼（包括背面末三碼）：

身分證字號：　　　　　　　　　信用卡有效期限：　　　年　　　　月止

聯絡電話：（日）　　　　　（夜）　　　　　手機：

e-mail：

收貨人姓名：　　　　　　　　　公司名稱：

送書地址：☐☐☐

統一編號：　　　　　　　　　　發票抬頭：

訂購書名：

訂購本數：　　　　　　　　　　訂購日期：　　　年　　　月　　　日

訂購金額：新台幣 ☐☐☐☐ 元　　持卡人簽名：☐☐☐☐

書籍訂購辦法

信用卡
請填寫訂購單資料郵寄或傳真至本公司

銀行匯款
戶名：美商麥格羅希爾國際股份有限公司台灣分公司
銀行名稱：匯豐（台灣）商業銀行（銀行代碼081）
分行別：台北分行（分行代碼0016）
帳號：001-103456-031
請將匯款收據與您的聯絡資料傳真至本公司

即期支票
請將支票與您的聯絡資料以掛號方式郵寄至本公司
地址：台北市10044中正區博愛路53號7樓

備註
我們提供您快速便捷的送書服務，以及團體購書的優惠折扣
如單次訂購未達NT$1,500，須酌收書籍貨運費用NT$90（台東及離島等偏遠地區運費另計）
聯絡電話：(02)2383-6000　傳真：(02)2388-8822
E-mail: tw_edu_service@mheducation.com

請沿虛線剪下